K종이접기 마에스트로

2단(Level 2)

세계종이접기창작개발원 지음

종이나라
JONG IE NARA

종이접기는 종이와 나와의 대화

서원선 원장
(재)종이문화재단 세계종이접기창작개발원

우리는 K종이접기 마에스트로 1단을 통해 '왜? 종이고, 종이접기인가?'라는 주제로 물음을 던지고 그 해답을 찾기 위한 여정을 시작했습니다.

그 과정에서 대한민국 종이접기 강사 등의 자격 교육과정의 연속성을 유지하며 새로운 도약을 위해 준비를 하였습니다. 우주로 나아가기 위해선 지상을 박차고 올라와야 하는 과정을 반드시 거쳐야 하듯이 지구를 기존 교육 과정이라 하면 우리는 1단계를 통해 점화와 발사를 시작한 것입니다. 이제 우리는 지구의 인력이 영향력을 미치는 중력장을 뚫고 넓은 우주로 나아가야 하기에 더욱 강력하고 지속적인 에너지가 필요합니다. 우리는 그 힘을 K종이접기 마에스트로 2단을 통해 획득해야만 합니다.

그러한 과정에서 "어떤 방법이 지속적이고 강력한 에너지를 공급하는 방법일까?"라는 물음을 끊임없이 고민하게 만듭니다. 어떤 이는 재미를, 누군가는 작품성을, 또 다른 누군가는 기술을, 그리고 교육성을 이야기합니다. 가야 할 길이 너무도 많습니다. 그 의견을 모두 담기란 불가능합니다, 여러 목적을 좇다 보면 순간 길을 잃기도 합니다. 그럴 때마다 저는 제자리로 돌아오는 최선의 길을 선택합니다. 바로 순수성입니다. 종이접기를 사랑하는 그 순수성 말입니다. 종이접기의 목적을 모두 배제한 그저 좋아서 접는 그 순수한 마음입니다.

제가 40이 넘은 나이에 종이접기를 평생 직업으로 선택하게 한 그 마음, 처음 종이접기를 할 때 함께 종이접기 그룹을 이루었던 많은 동료가 있습니다. 그 이후로도 함께 종이를 접던 많은 지인이 있습니다.

그들 중에는 종이접기에 어떠한 목적을 두고 시작한 이들도 있었고 또 아닌 이들도 있습니다. 그런데 지금 돌이켜 보면 목적성을 두고(아니 수단으로) 종이접기를 한 이들 보다는 그저 종이접기가 좋아서 종이접기를 해온 친구들이 더 오랫동안 종이접기를 계속하고 있다는 사실입니다. 그렇다고 목적 없는 종이접기가 최고의 선이라는 것은 아닙니다. 당연히 목적의식은 필요하고 중요한 모티프를 제공합니다. 다만 순수성과 목적성이 상충할 때 저의 경험적 측면으로는 우리에게 순수성 쪽에 더 크고 지속적인 힘이 있음을 이야기한 것입니다. 왜냐하면 종이접기는 목적을 이루기에는 너무도 느리고 너무도 작은 결과의 영향력을 보여주기 때문입니다. 우리가 살아가는 이 세상만큼 빠른 진행과 커다란 결과물이 나오는 그런 작업은 아니기 때문입니다.

이제 우리는 종이라는 도구와 접기라는 방법을 가지고 순수함이라는 마음으로 무장을 하고 우주로 향합니다. 책을 만드는 작업은 참 묘합니다. 충분히 내용을 넣었다고 생각해도 책이 완성되어 나오면 항상 무언가 부족한 부분이 보입니다. 지난 마에스트로 1단 에서 저는 이런저런 이야기를 전달하고 싶었는데 독자들은 그것을 이해하지 못할 수도 있겠다는 생각이 들었습니다. 사람과 사람이 얼굴을 마주하고 이야기하여도 그 사람의 깊은 내면을 알기에는 부족함이 당연한 일인데 글과 도면만으로 그것들을 담아내기엔 너무나도 힘든 일이라 새삼 느꼈습니다.

그렇기에 종이접기에 대한 지식과 철학, 종이접기의 깊이를 알아내려는 과정에 앞서 이 책이 독자들 자신의 종이접기에 대한 이해와 철학을 알아내는 시간이 되는 과정이기를 바라는 마음을 담았습니다.

'종이접기는 종이와 자신만의 단독 대화'입니다.

그러므로 이 책을 통해 그런 기회와 시간을 만들어 주는 역할이 되기를 바랍니다.

마에스트로 2단은 목차에 보이듯이 종이접기의 진화라는 부분에 초점이 맞추어져 있습니다. 대학에서 생물 진화학을 공부한 저는 모든 것은 시간의 흐름과 환경의 변화에 연동되어 변화한다는 것을 믿습니다. 그것이 진화이든 퇴화이든 말입니다. 종이접기 또한 그러합니다. 매 순간 종이접기는 변화합니다. 굳이 자연의 섭리까지 말하지 아니하더라도 변화하지 않으면 잊히고 사라진다는 것이 세상의 이치라고 봅니다. 그런 점에서 볼 때 우리 종이접기는 그 변화를 너무 느리고 약하게 해왔던 것 같습니다. 종이접기 문화를 주도해야 할 저희조차 과거의 작품들에 만족하고 그것들로 우리 다음 세대를 가르치기에 바빴음을 인정할 수밖에 없으니까요. 변화의 물결은 외부에 시작되어 우리를 흔들고 있습니다. 그 예로 베트남과 중국의 종이접기에 대한 변화를 주목합니다. 그들의 다양성에 저는 놀라움을 표합니다.

저는 다시 한번 더 이야기하고 부탁합니다. 세상에 당신은 한 명이면 충분합니다. 우리에겐 서툴러도 독창적인 당신이 필요할 뿐입니다. 2단계를 다루며 더 많은 고민의 시간이 우리에겐 필요합니다. 2단계 독자들에게 제가 제시하는 길은 수많은 길 중 저자가 선택한 한 길일 뿐입니다. 2단계에서 보여주는 길을 제외한 '수많은 길 중에 한 길을 찾는 구도자'가 되길 바랍니다.

이제 우리는 1단계로 로켓의 불꽃을 당겼고 지구를 박차고 이륙했습니다. 우리는 중력장을 꿰뚫을 힘을 2단계로 비축하고 그 찰나의 순간을 지나 우주로 치솟아 오릅니다. 힘을 내십시오.

종이접기 창조와 예술의 세계를 향해….
조이, 종이, JOY!

3

창작·예술활동의 거장
「K종이접기 마에스트로」 2단을 위하여…

노영혜 이사장
(재)종이문화재단·세계종이접기연합

'종이접기는 종이와 나의 대화'라는 이 책의 지은이 서원선 창작작가의 뜻깊은 머리글을 시작으로 「K종이접기 마에스트로」 1단을 넘어서 고진감래(苦盡甘來) 끝에 드디어 2단계를 엮어내셔서 무척 기쁩니다.

왜냐하면 컴퓨터와 스마트폰에 빠져 정서가 메말라 가는 이 시대에 내 손으로 종이를 접으며 나와의 대화를 통해 아름답고 훌륭한 작품을 만드는 과정은 정서지수(EQ)를 스스로 높이며 성취감을 느끼게 되어 만족감과 행복감까지 얻게 되기 때문입니다.

또한 1987년부터 우리나라 종이접기·종이문화 부활 재창조 운동의 역사에서 탄생한 K종이접기 강사 등의 자격 교육과정의 연속성을 유지하며 새로운 도약을 위해 준비해 주셨기에 그 뜻깊은 의미는 더욱더 큽니다.

'알고 있는 사람보다 좋아하는 사람이 낫고, 좋아하는 사람보다 즐기는 사람이 낫다'라는 공자 논어(論語) 옹야(雍也) 편 18장에 지지자 불여호지자 호지자 불여락지자(知之者 不如好之者 好之者 不如樂之者)라는 구절이 있습니다. 이어서'종이'란 말은 종이를 만드는 재료인 닥나무 '저(楮)'에서 '저 〉 저이 〉 조이'를 거쳐 오늘날의 '종이'가 되었습니다. 종이의 옛말인 '조이'가 영어 'JOY'와 발음이 같아 즐거움이란 뜻이 됩니다. 앞으로의 시대는 친환경적이며 즐겁고 행복한 종이접기와 종이문화가 삶을 선도하게 될 것입니다.

지혜와 평화를 상징하는 종이와 종이접기의 의미를 되새기며 '조이 종이 JOY'를 외쳐 보시기 바랍니다.
종이접기로 과학기술을, 인격을, 예술을, 평화를,
종이문화로 세계화를! 조이 종이 JOY!

K종이접기 마에스트로 1단계를 넘어서 2단계로 진입하여 창작 예술의 거장이 되신 여러분들이 자랑스럽습니다. 아울러 K종이접기 예술활동을 통해 국가 브랜드화에 앞장서 주시고 우수한 우리나라 종이문화와 유구한 역사의 K종이접기를 세계에 알리기 위해 언제 어디든지 적극적으로 다가가 빛을 발휘해 주시기를 바랍니다.

고(故) 이어령 선생님(종이문화재단 고문, 초대 문화부 장관 역임)께서는 2017년 11월 11일 〈종이문화의 날〉기념 「제1회 대한민국 종이접기 역사포럼」 환영사 : '세계를 접고 미래를 펴다'에서 "종이접기는 잊혀있던 우리문화의 작은 기적이요 큰 충격입니다"라고 했습니다. 세계 제일의 종이문화나라의 전통을 이어 자랑스러운 무형문화유산, K종이접기를 새 한류 창조문화로 세계화시키고 세계평화를 위해 우리 함께 이바지해 나아가야 하겠습니다.

이 책을 펴내는 데 열정과 사명감으로 헌신을 다하여 수고해 주신 서원선, 이인경 작가님께 진심으로 축하드리오며, 뜻을 함께하며 적극 협력해 주신 여러분께 깊은 감사를 드립니다.

차례

종이접기의 기본기호와 약속

Basic Symbols

종이접기선   접기선은 앞으로 접는 '골짜기접기'와 뒤로 접는 '산접기' 두 종류가 있습니다.

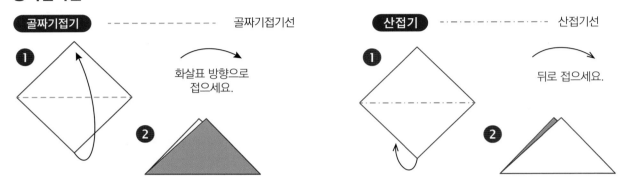

골짜기접기 - - - - - - - - - - - - - - - - 골짜기접기선   화살표 방향으로 접으세요.

산접기 - · - · - · - · - · - · - · - 산접기선   뒤로 접으세요.

종이접기 기호   접기 도안을 보조하는 화살표와 기호입니다.

종이를 뒤집으세요.

종이를 회전시켜 방향을 바꾸세요.

도안을 확대

종이를 당기세요 (종이를 밀어 넣으세요).

화살표 안쪽을 벌리세요.

화살표 부분을 같은 방법으로 접으세요.

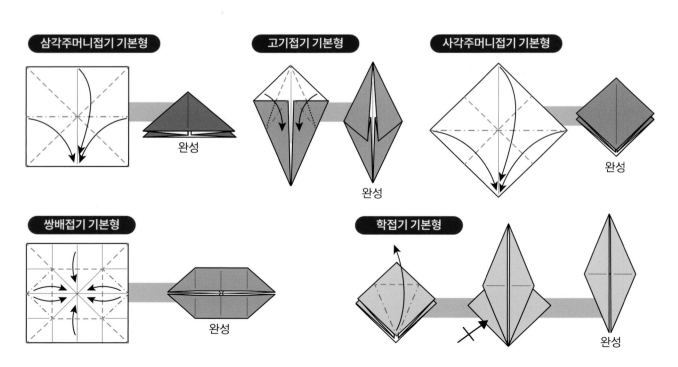

삼각주머니접기 기본형   완성

고기접기 기본형   완성

사각주머니접기 기본형   완성

쌍배접기 기본형   완성

학접기 기본형   완성

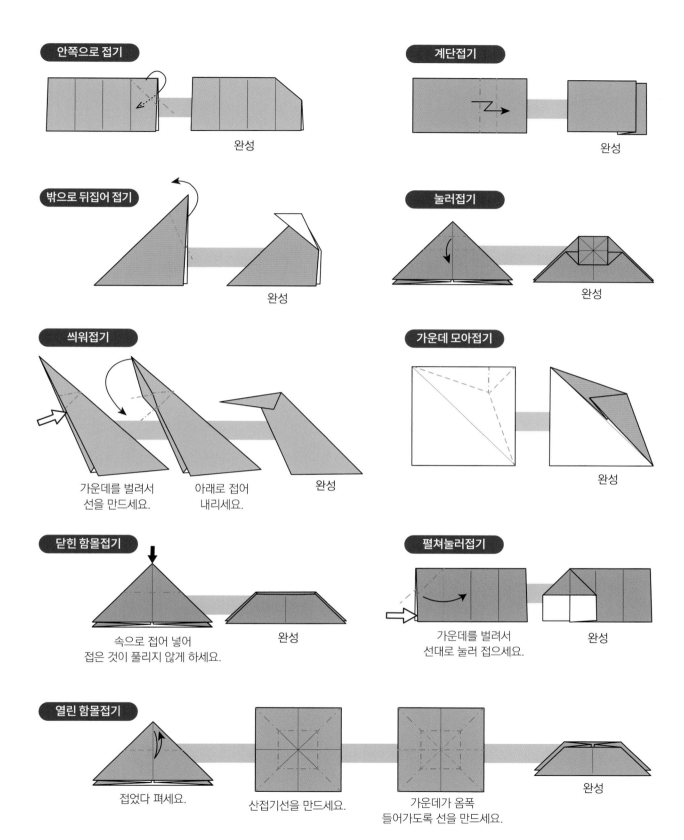

안쪽으로 접기

완성

계단접기

완성

밖으로 뒤집어 접기

완성

눌러접기

완성

씌워접기

가운데를 벌려서
선을 만드세요.

아래로 접어
내리세요.

완성

가운데 모아접기

완성

닫힌 함몰접기

속으로 접어 넣어
접은 것이 풀리지 않게 하세요.

완성

펼쳐눌러접기

가운데를 벌려서
선대로 눌러 접으세요.

완성

열린 함몰접기

접었다 펴세요.

산접기선을 만드세요.

가운데가 옴폭
들어가도록 선을 만드세요.

완성

1

종이접기 기본형의
확장과 진화

기본형에서 발전해 나가는 종이접기를 경험해 보세요.
한 장으로 접는 종이접기의 매력을 느낄 수 있습니다!

종이접기 기본형의 확장

Extension of the JONG IE JUPGI Basic Form

2단(Level 2)에서는 기본형의 확장에 대한 내용을 알아보도록 하겠습니다. 1단(Level 1)에서 우리는 과연 기본형이란 무엇이며 왜 필요하고 어떻게 사용되는지 알아보았습니다. 그리고 필요한 기본형을 아래와 같이 정리해 보았습니다.

기초적 기본형		확장적 기본형	
1)	문접기 기본형	6)	쌍배접기 기본형
2)	방석접기 기본형		
3)	아이스크림접기 기본형	7)	고기접기 기본형
4)	삼각주머니접기 기본형	8)	꽃접기 기본형
5)	사각주머니접기 기본형	9)	학접기 기본형

그런데 왜 2번 방석접기에는 확장적 기본형으로의 발전이 없는지 궁금하셨을 것입니다. 당연히 방석접기로부터 확장된 기본형은 존재합니다. 다만 다른 기초적 기본형과는 달리 방석접기 후의 모양은 또 다른 형태(다만 크기만 축소된)의 정사각형이 되므로 다른 기초적 기본형보다 훨씬 많은 확장적 기본형이 가능하기 때문입니다. 우리는 2단(Level 2)에서 주로 방석접기 후 확장되는 기본형에 대해 알아보도록 하겠습니다.

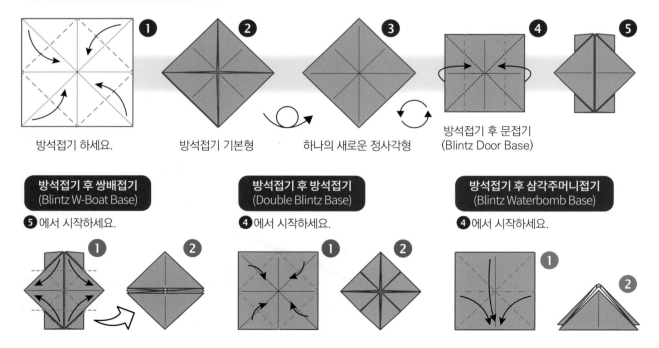

방석접기 후 문접기 (Blintz Door Base)

❶ 방석접기 하세요.　❷ 방석접기 기본형　❸ 하나의 새로운 정사각형　❹ 방석접기 후 문접기 (Blintz Door Base)　❺

방석접기 후 쌍배접기 (Blintz W-Boat Base)
❺ 에서 시작하세요.

방석접기 후 방석접기 (Double Blintz Base)
❹ 에서 시작하세요.

방석접기 후 삼각주머니접기 (Blintz Waterbomb Base)
❹ 에서 시작하세요.

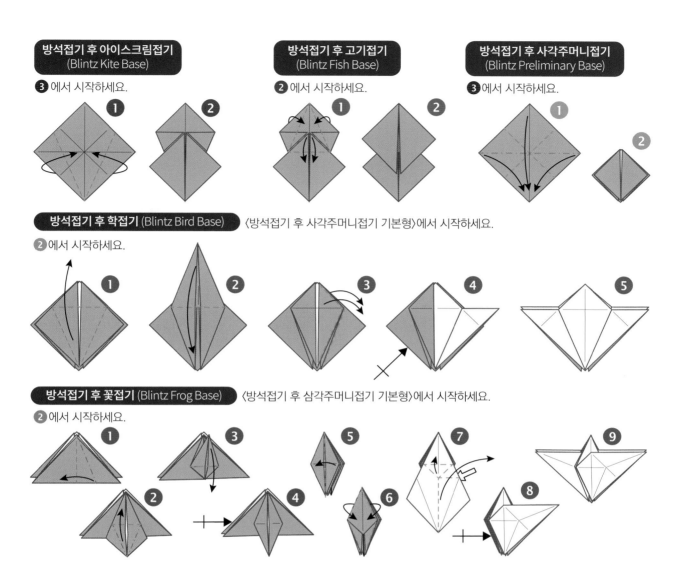

이처럼 방석접기 후 다시 기본형을 접음으로써 더 많은 가지를 뽑아낼 수 있습니다. 당연히 종이가 겹쳐서 두꺼워지고 작아질 수밖에 없지만 이는 종이의 크기(큰 종이)와 평량(얇은 종이)으로 극복함으로써 단순한 종이접기로부터 복잡한 종이접기, 특히 곤충접기 등으로 발전시킬 수 있습니다 (예전에 박스플릿이 정통 종이접기 분야에서 인정받지 못하던 시절에는 이러한 블린츠 후 기본접기가 곤충류 접기에는 매우 유용한 방법이었습니다). 또한 때에 따라 2중, 3중의 방석접기 후 다시 기본형접기로 하는 방식으로 더욱 복잡한 작업을 할 수도 있습니다.

종이접기는 구조적으로 본다면 단순함에서 복잡함으로 진화하는 것이 대체적인 방향입니다. 하지만 작품의 질적인 면에서 본다면 꼭 그렇지는 않습니다. 복잡하고 많은 것을 표현할수록 아름다운 작품이 있는가 하면 단순화 할수록 더욱 아름다운 작품도 있습니다. 그렇기에 복잡한 구조만을 너무 추구하는 것은 종이접기의 궁극적 목표를 잃어버리는 우를 범할 수도 있습니다. 2단(Level 2)에서 언급한 종이접기의 기본형의 확장은 우리가 기본적으로 알아두어야 할 내용이기는 하지만 오로지 이 방식만을 고집하다 보면 창작 종이접기의 다양성을 잃을 수가 있음을 염두에 두어야 합니다.

종이접기 기본형의 진화
Evolution of the JONG IE JUPGI Basic Form

앞에서 우리는 기본형(Blintz)을 접은 후 추가로 기본형을 접는 기본형의 확장에 대해 알아보았습니다. 이러한 확장 이외에 기본형을 더욱 발전시켜 나가는 방법에 대해 알아보도록 하겠습니다.

기본형의 진화에는 각 기본형의 비율을 달리하여 접어 목적물의 형태에 적합한 비율로 기본형을 변화시키는 경우와 기본형에 추가적인 부분을 더하여 목적물의 형태를 더욱 세밀화하거나 목적물을 추가하는 방법을 들 수 있습니다.

이러한 진화된 기본형을 Hybrid base라 통칭하며 특별히 기존 종이접기에 다른 형식의 접기 부분(그리드: Grid, 격자) 혹은 플릿(Pleat, 주름)을 접목하여 결과적으로 기존 종이접기 방법을 더 큰 정사각형 안에 집어넣는 방식과 세부 사항을 추가하는 방식인 그라프팅(Grafting, 접목)등이 있습니다.

대체로 이러한 방법은 정사각형의 외부 말단부에 주로 넣어 발가락(손가락)이나 머리의 세밀한 부분에 넣기도 하지만 간혹 비대칭 부분 혹은 중심부에 넣기도 합니다.

비율을 달리하여 변형한 경우

사각주머니 기본형

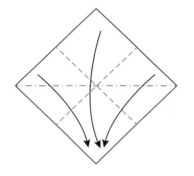 

삼각주머니 기본형

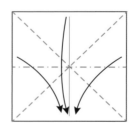 

비대칭 사각주머니 기본형

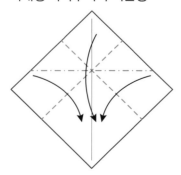 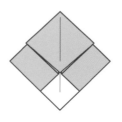

비대칭 삼각주머니 기본형

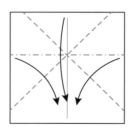 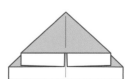

삼각주머니 접기의 비율을 달리하여 접습니다.

사각주머니 접기의 비율을 달리하여 접습니다.

그리드(Grid, 격자무늬)나 플릿(Pleat, 주름)을 추가한 경우

그리드 (격자무늬)

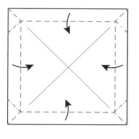 

말단부에 그리드를 넣은 예

플릿 (주름) : 윗쪽

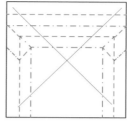 

한쪽 변에 플릿을 넣은 예

플릿 (주름) : 중심선

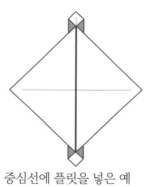

중심선에 플릿을 넣은 예

플릿 (주름) : 중심선에 2겹

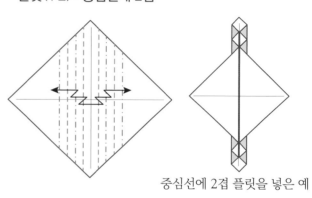

중심선에 2겹 플릿을 넣은 예

그라프팅 (Grafting, 접붙임)

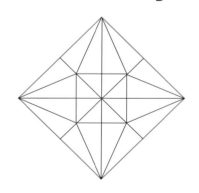 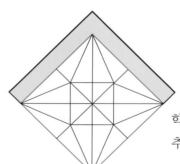

학접기 이외의 부분(노란색 부분)으로
추가적인 작업이 가능한 그라프팅의 예

이처럼 작품의 발가락이나 머리의 장식 등을 넣어 작품의 완성도를 높이는 등, 작품의 특정 부위에 더 많은 면적의
종이를 추가하는 데 이용되는 매우 유용한 기술입니다. 하지만 이러한 기법이 작품 전체의 균형미를 흐트러뜨린다
거나 일정 부위만을 강조하는 경우에는 작품의 균형이 깨지는 경우가 있으므로 적절한 경우에 사용하기 바랍니다.

비행기
Airplane

종이 | 《단면 금은색지》 20㎝

비행기와 백상아리는 비슷한 형태적 특성을
갖습니다. 긴 몸체, 양옆의 날개(지느러미)
그리고 꼬리 등…. 비행기는 사각주머니 접기를
백상아리는 사각주머니 접기의 비율을 달리한
경우입니다. 기본형의 진화를 통해 어떻게 추가
적인 결과물이 나오는지 확인하세요.

12쪽 사각주머니접기 기본형에서 시작하세요.

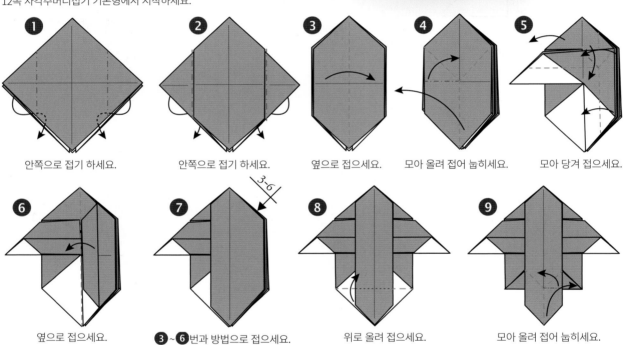

① 안쪽으로 접기 하세요.

② 안쪽으로 접기 하세요.

③ 옆으로 접으세요.

④ 모아 올려 접어 눕히세요.

⑤ 모아 당겨 접으세요.

⑥ 옆으로 접으세요.

⑦ 3-6   ③~⑥번과 방법으로 접으세요.

⑧ 위로 올려 접으세요.

⑨ 모아 올려 접어 눕히세요.

종이의 선택

종이접기에 성공하는 데에는 종이의 적절한 선택은 매우 중요합니다. 종이의 두께(평량), 크기, 질김 정도, 고정력
등등…. 그중 질감과 색상 또한 매우 중요한 요소입니다. 비행기와 같은 차가운 금속성을 표현하는 데에는 금은
색지가 적절합니다. 또한 금은 색지는 접힌 형태를 유지해 주는 고정력이 뛰어납니다. 이러한 효과를 내기 위해
종이와 호일을 붙여 사용하기도 합니다. 이를 '호일 합지'라 합니다.

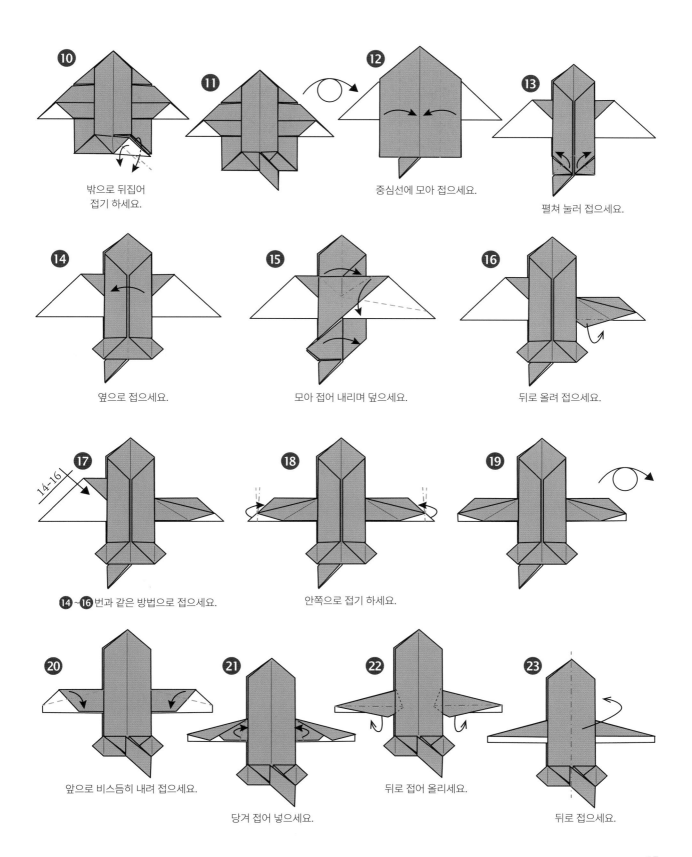

⑩ 밖으로 뒤집어
접기 하세요.

⑪

⑫ 중심선에 모아 접으세요.

⑬ 펼쳐 눌러 접으세요.

⑭ 옆으로 접으세요.

⑮ 모아 접어 내리며 덮으세요.

⑯ 뒤로 올려 접으세요.

⑰ 14~16
⑭~⑯번과 같은 방법으로 접으세요.

⑱ 안쪽으로 접기 하세요.

⑲

⑳ 앞으로 비스듬히 내려 접으세요.

㉑ 당겨 접어 넣으세요.

㉒ 뒤로 접어 올리세요.

㉓ 뒤로 접으세요.

15

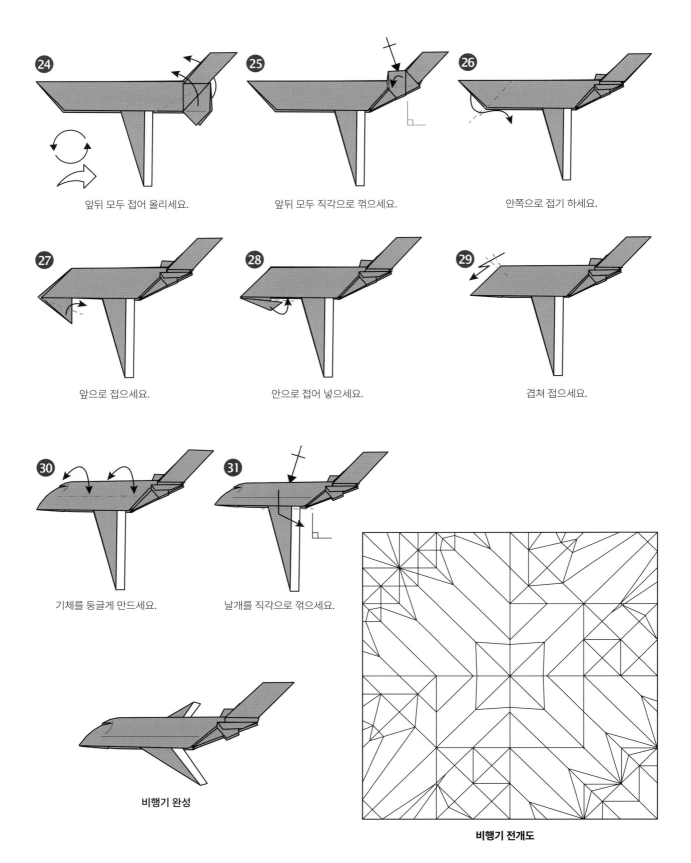

24 앞뒤 모두 접어 올리세요.

25 앞뒤 모두 직각으로 꺾으세요.

26 안쪽으로 접기 하세요.

27 앞으로 접으세요.

28 안으로 접어 넣으세요.

29 겹쳐 접으세요.

30 기체를 둥글게 만드세요.

31 날개를 직각으로 꺾으세요.

비행기 완성

비행기 전개도

받침대

각종 비행기의 받침대로도 유용합니다.
받침대의 아랫부분에 동전을 넣어 붙여주면 더욱 안정적으로 세워집니다.

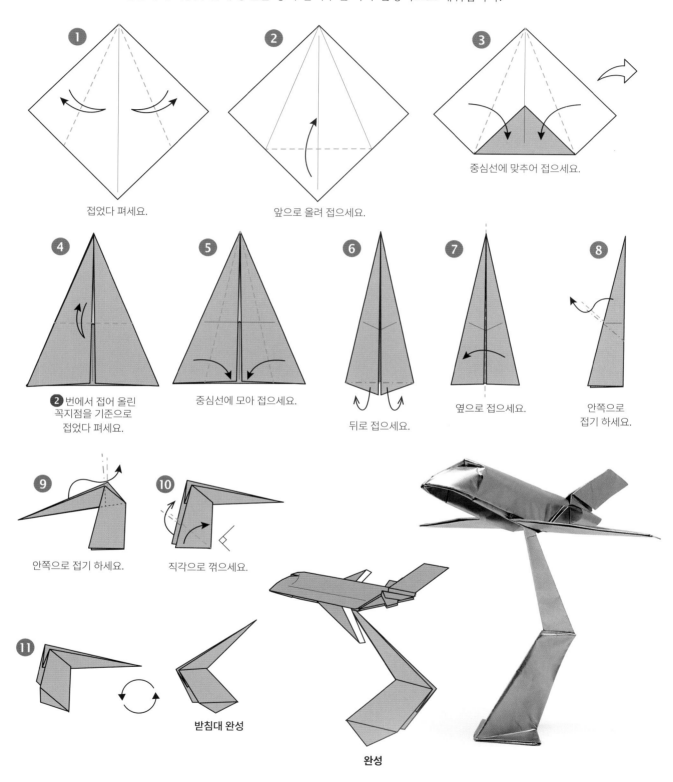

① 접었다 펴세요.

② 앞으로 올려 접으세요.

③ 중심선에 맞추어 접으세요.

④ ②번에서 접어 올린 꼭지점을 기준으로 접었다 펴세요.

⑤ 중심선에 모아 접으세요.

⑥ 뒤로 접으세요.

⑦ 옆으로 접으세요.

⑧ 안쪽으로 접기 하세요.

⑨ 안쪽으로 접기 하세요.

⑩ 직각으로 꺾으세요.

⑪ 받침대 완성

완성

백상아리
🌸심사작품

Great white shark

종이 | 《유제지(수제 종이)》 30㎝ (양면 같은색 사용 완성)

기본형의 진화 중 사각주머니 접기의 비율을
달리하여 등지느러미를 뽑는 작업을 하였습니다.

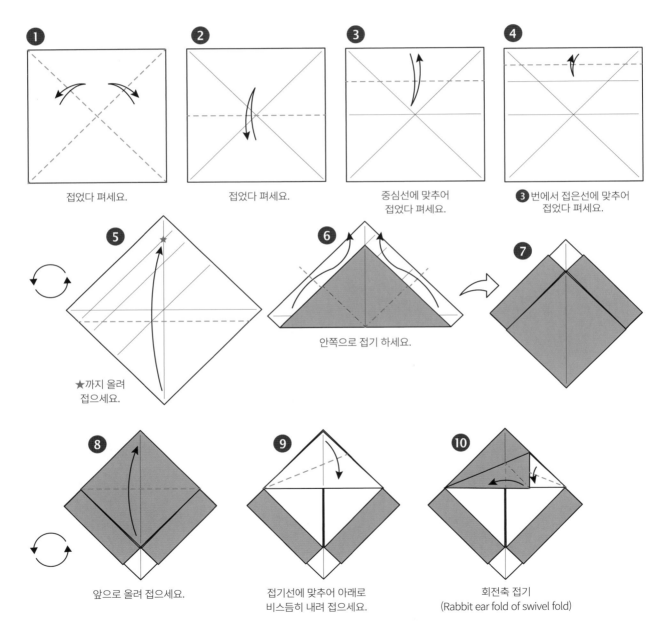

① 접었다 펴세요.

② 접었다 펴세요.

③ 중심선에 맞추어
접었다 펴세요.

④ ❸번에서 접은선에 맞추어
접었다 펴세요.

⑤ ★까지 올려
접으세요.

⑥ 안쪽으로 접기 하세요.

⑦

⑧ 앞으로 올려 접으세요.

⑨ 접기선에 맞추어 아래로
비스듬히 내려 접으세요.

⑩ 회전축 접기
(Rabbit ear fold of swivel fold)

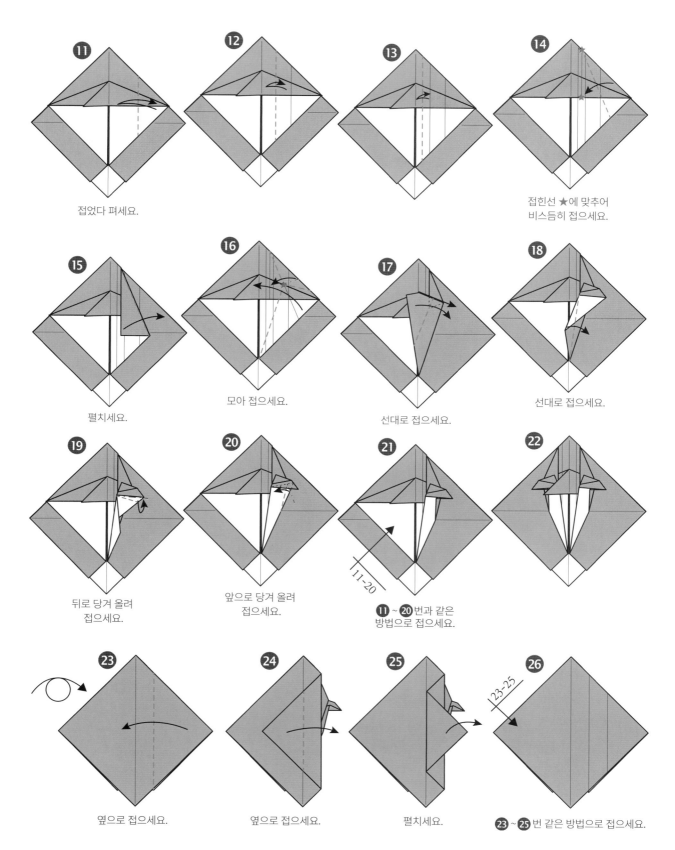

11 접었다 펴세요.

12

13

14 접힌선 ★에 맞추어
비스듬히 접으세요.

15 펼치세요.

16 모아 접으세요.

17 선대로 접으세요.

18 선대로 접으세요.

19 뒤로 당겨 올려
접으세요.

20 앞으로 당겨 올려
접으세요.

21 11~20
11 ~ **20**번과 같은
방법으로 접으세요.

22

23 옆으로 접으세요.

24 옆으로 접으세요.

25 펼치세요.

26 23~25
23 ~ **25**번 같은 방법으로 접으세요.

19

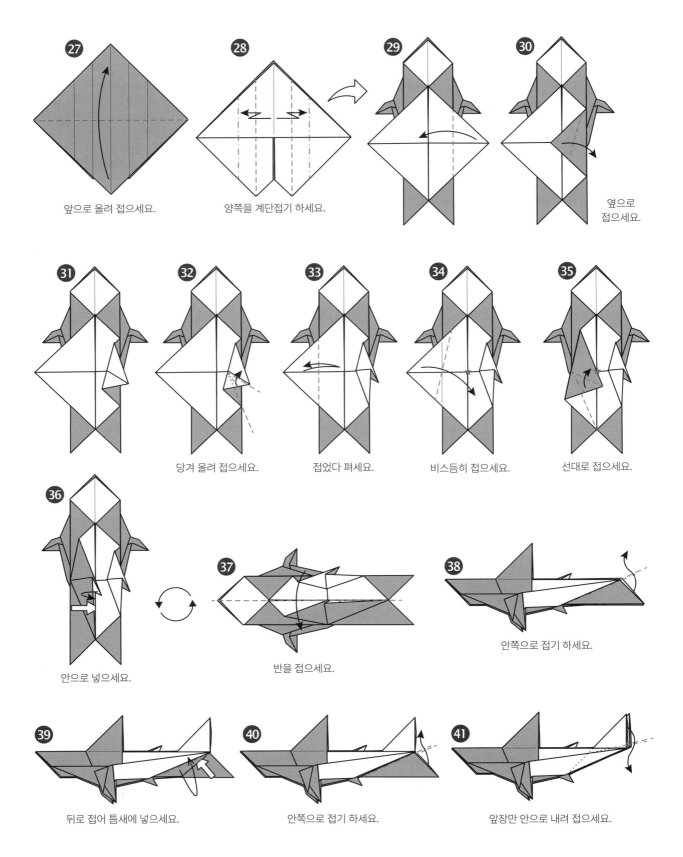

27 앞으로 올려 접으세요.

28 양쪽을 계단접기 하세요.

29

30 옆으로 접으세요.

31

32 당겨 올려 접으세요.

33 접었다 펴세요.

34 비스듬히 접으세요.

35 선대로 접으세요.

36 안으로 넣으세요.

37 반을 접으세요.

38 안쪽으로 접기 하세요.

39 뒤로 접어 틈새에 넣으세요.

40 안쪽으로 접기 하세요.

41 앞장만 안으로 내려 접으세요.

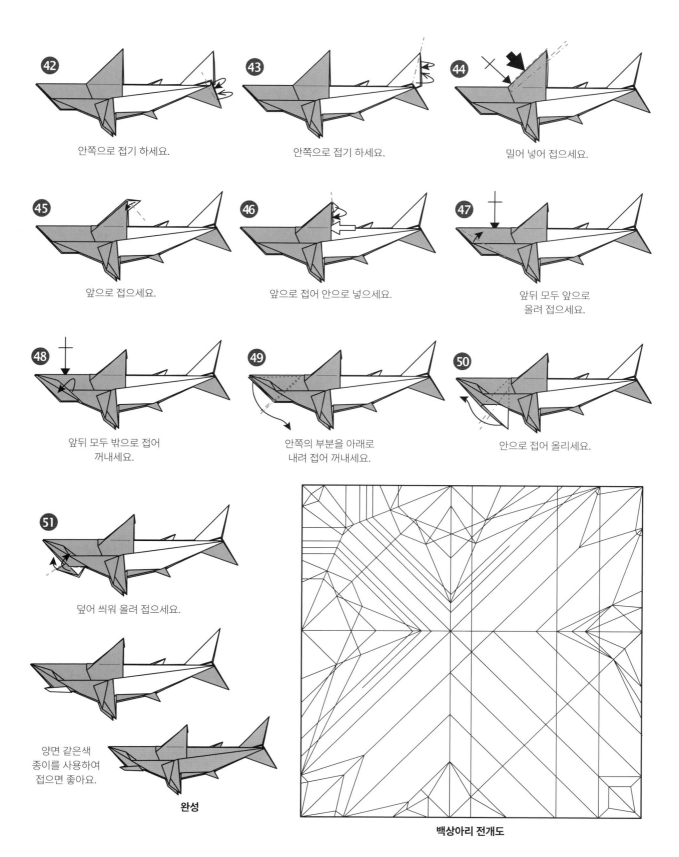

42 안쪽으로 접기 하세요.

43 안쪽으로 접기 하세요.

44 밀어 넣어 접으세요.

45 앞으로 접으세요.

46 앞으로 접어 안으로 넣으세요.

47 앞뒤 모두 앞으로 올려 접으세요.

48 앞뒤 모두 밖으로 접어 꺼내세요.

49 안쪽의 부분을 아래로 내려 접어 꺼내세요.

50 안으로 접어 올리세요.

51 덮어 씌워 올려 접으세요.

양면 같은색 종이를 사용하여 접으면 좋아요.

완성

백상아리 전개도

종이접기 커뮤니케이터 니콜라스 테리

프랑스의 종이접기 예술작가
니콜라스 테리(Nicolas Terry)

종이접기의 가장 큰 덕목은 소통일 것입니다. 세대 간, 지역 간을 막론하고 종이접기만큼 소통에 적합한 공통적이고 보편적인 소재는 찾아보기 어렵습니다. 더욱이 21세기에 들어와 인터넷의 발전은 종이접기가 가지고 있던 그나마 남은 장벽도 완전히 무너트려 버림으로써 주류의 배타적 그리고 독점적 문화를 매우 보편적인 문화로 변신시키고 있습니다. 종이접기계에 불어닥친 이러한 현상의 정점에 바로 니콜라스 테리(Nicolas Terry, 프랑스)가 있습니다.

불과 십수 년 전만 해도 종이접기 책을 출판한다는 것은 매우 어려운 일이었으며, 검증되지 않은 작가들의 진입은 하늘의 별 따기만큼이나 어려운 일이었습니다. 이는 작가는 물론 출판사 또한 매우 힘든 결정이었습니다. 하지만, 이 모든 성패의 위험한 요소에도 불구하고 초지일관의 저력으로 지금까지 이 일을 해 온 이가 바로 니콜라스 테리입니다. 온오프라인에 종이접기 커뮤니티를 형성하여 세계 종이접기인들과 교감하고 스스로 출판사를 꾸려 자신의 종이접기관을 반영한 종이접기 책 Collection을 갖고 있으며 종이와 각종 종이접기 관련 재료와 서적을 판매하는 Shop을 운영하는, 그야말로 종이접기와 관련된 모든 분야에서 세계 최고 수준의 활동을 하는 것입니다.

세계 어느 누가 불과 십수 년 만에 이리도 많은 일을 종이접기 세계에서 이룰 수 있었을까요? 경이로운 결과를 이루어낸 존재입니다. 그의 이러한 성과를 보며 많은 종이접기인이 그들의 미래의 모습으로 상상하는 것이 당연한 일로 느껴집니다. 저는 그의 종이접기에 대한 순수한 열정과 노력이 존경받을 가치가 있다고 생각됩니다. 왜냐하면 저는 그의 초창기 시절 'Passion Origami' 사이트의 팬으로 오랜 시간 그를 지켜봐 왔기 때문입니다.(작품 활동 이외의 활동 부분은 그

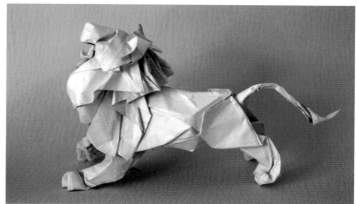

의 사이트(https://www.passion-origami.com/)에서 확인하실 수 있습니다) 그의 초창기 작품은 현재의 작품들처럼 명확히 정리된 작품이라기보다는 매우 세밀한 형태적 표현과 캐릭터의 표정에 주력하는 모습이었습니다. 과정의 선명성에 치중하던 나에게는 매우 색달라 보이는 작품 활동으로 보였으며 매우 시대를 앞서가는 작품들이었다고나 할까? 다양성을 대변하는 작품관이라 말하는 것이 적절한 표현일 것입니다.

근래에 와서는 매우 단순화된 작품에 주력하는 모습을 보입니다. 아마도 어린아이를 둔 가장이라는 점이 그의 작품 세계를 약간은 수정해 놓은 것인지도 모르겠습니다. 그렇다고 초기 작품의 표현력이 사라진 것은 아닙니다. 단순함 속에 나타나 있는 그만의 표현력은 작품만 보고는 그의 작품이라는 것을 단숨에 알아버릴 정도의 독특함을 보여줍니다. 매우 바람직한 작품관의 진화라고 여겨집니다.

그는 저와의 인터뷰에서 최근 주력하는 Simple 종이접기에 대한 질문에 관하여 '자신의 종이접기에 대한 열망을 쉽게 공유하기 위함과 복잡한 모델보다 단순한 모델의 창작이 더 어렵다는 사실에 대한 도전정신'을 이야기하는 것을 들으며 저 또한 진심으로 공감함은 물론 바로 이 점이 우리 종이접기 신세대들이 가져야 할 사명과 문제의식이라 생각되었습니다.

그는 한국의 종이접기 친구들에게 '종이접기를 통해 사람들을 행복하게 해 줄 수 있는 자신의 재능을 찾길 바란다'는 이야기와 함께 '미래의 새로운 작가들을 찾아내는 노력과 그들과 함께 종이접기 책을 만드는 일, 그리고 발전해 가는 기술에 맞추어 앱을 통한 쉬운 접근성의 종이접기 전달에 주력할 것'을 전해왔습니다.

작금의 화두는 융합입니다. 융합은 한 가지에 집착하기보다는 여러 재능을 서로 보완함으로써 더욱 높은 수준의 능력을 발휘하게 하는 것입니다. 종이접기계에 융합의 아이콘은 누가 뭐래도 니콜라스 테리일 것입니다. 그를 통해 종이접기의 미래를 볼 수 있음을 확신합니다.

2
종이의 선택

작품의 성격, 특징을 표현하기 위하여
종이의 두께, 색상, 크기를 선택해 보세요.

두꺼운 종이와 얇은 종이

비둘기

Pigeon

준비물 | 180 g/㎡ 이상의《양면 색상지》50㎝,
　　　　물, 스프레이, 스펀지

매우 단순한 구조의 두꺼운 종이(색상지)로
Wet folding(습식접기)을 경험해 보세요.
습식접기란, 물을 이용해 종이를 적셔 더 쉽게
형태를 만들 때 사용하는 종이접기 기술입니다.

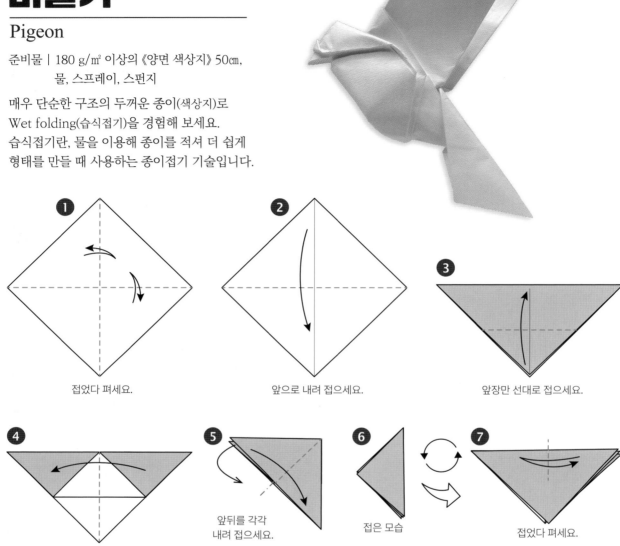

① 접었다 펴세요.

② 앞으로 내려 접으세요.

③ 앞장만 선대로 접으세요.

④

⑤ 앞뒤를 각각 내려 접으세요.

⑥ 접은 모습

⑦ 접었다 펴세요.

습식접기

습식접기(Wet folding)는 물에 옅게 풀을 섞은 풀물을 이용하여 두꺼운 종이를 적셔 접는 방법으로 주로 간단한 구조의 작품에 이용되며 완성 후 마르면 작품의 강도가 높아져 작품을 오랫동안 유지, 보관이 가능합니다. 하지만 젖은 종이를 접을 때 종이가 터지는 경우가 발생하므로 많은 경험이 필요한 작업입니다. 접힌 직선의 날카로운 선보다는 둥글고 휘어진 아름다운 선의 표현이 가능하여 한차원 높은 예술적 작품의 제작이 가능합니다.

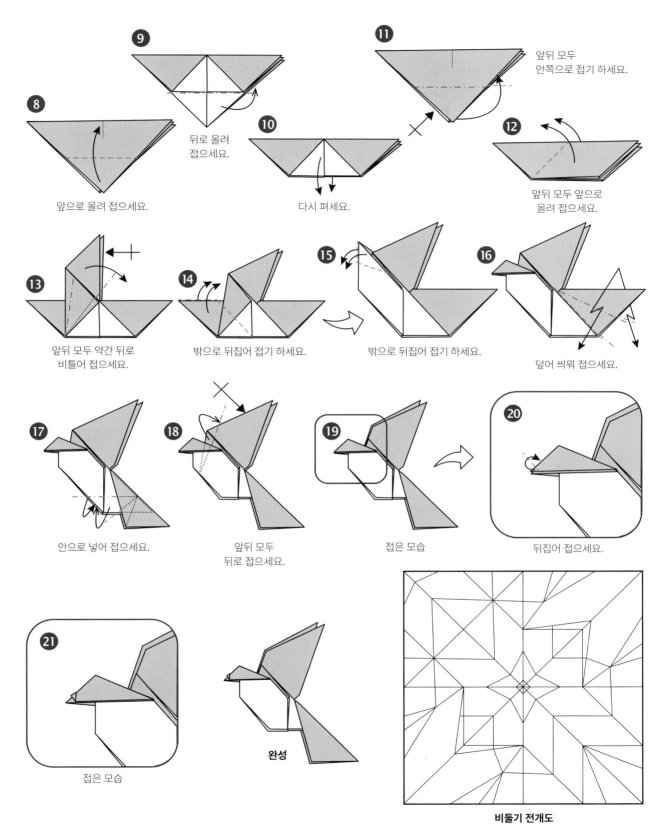

8 앞으로 올려 접으세요.

9 뒤로 올려 접으세요.

10 다시 펴세요.

11 앞뒤 모두 안쪽으로 접기 하세요.

12 앞뒤 모두 앞으로 올려 접으세요.

13 앞뒤 모두 약간 뒤로 비틀어 접으세요.

14 밖으로 뒤집어 접기 하세요.

15 밖으로 뒤집어 접기 하세요.

16 덮어 씌워 접으세요.

17 안으로 넣어 접으세요.

18 앞뒤 모두 뒤로 접으세요.

19 접은 모습

20 뒤집어 접으세요.

21 접은 모습

완성

비둘기 전개도

27

지앙 딘의
종이가 물을 만나면…

베트남의 종이접기 예술작가
지앙 딘(Giang Dinh)

종이를 접으면서 종이에 대한 불편한 점 중 몇 가지는 고정력이 부족한 탓에 접어 놓은 종이접기가 오랫동안 유지되기 힘들어 다른 소재에 비해 형태적 보존력이 떨어진다는 점, 한 번 접었던 자국은 그 흔적이 유지되어 종이의 트임 현상을 초래한다는 것 그리고 접는 방식으로 인한 경직성(일반적 종이접기는 직선으로 접히므로)으로 인한 표현의 제한에 있습니다. 하지만 이러한 문제를 단숨에 해결하는 방법이 있다면 종이접기를 잘 모르는 사람들은 무척이나 놀라워할 것입니다. Wet folding(습식접기)이 바로 그것입니다.

습식접기는 종이를 물에 적셔가며 접는 기법을 말하는데 얇은 종이를 주로 사용하는 우리나라의 경우엔 종이와 물은 거의 상극이라는 생각이 앞서 매우 생소한 느낌일 것입니다. 하지만 해외의 경우 종이접기에 다양한 종류와 평량의 종이를 사용해 온 까닭에 종이를 적셔가며 접기를 하는 경우가 자주 있어 왔습니다. 하지만 이러한 Wet folding이 처음 시도된 것 또한 일본의 아키라 요시자와 선생이라 인용되는 관점에서 볼 때 우리의 종이접기가 새로운 시도에 너무 궁색했던 것은 아닐까 하는 반성 또한 해봅니다. 각설하고…. Wet folding은 두꺼운 종이를 주로 사용하는 부류의 종이접기인들에게서 자주 사용되는 경향이 있어 여러 차례 중복하여 접기보다는 종이를 휘는 형태의 작품들과 종이 자체의 재질에서 나타나는 아름다움을 매우 단순한 형태로 표현해 내는 작품들이 주류를 이룸으로써 특별히 조형적인 작품을 볼 수 있습니다. 바로

이러한 정점에 지앙 딘(Giang Dinh)이라는 종이접기계에서는 매우 독보적인 존재가 있습니다. 철이나 돌을 종이처럼 휘고 다듬는다면 우리는 일반적인 조형작품들을 연상할 것입니다. 하지만 종이를 철이나 돌로 만든 조형물처럼 표현해 낸다면 어떻겠는가? 그의 작품은 물론 종이접기의 한 부류이긴 하지만 종이접기라는 말로는 다 설명할 수 없는 부분이 있습니다. 그의 작품에 나타나는 질감과 양감은 종이의 특성을 완벽히 돌출시킵니다. 종이 표면의 엠보싱을 그대로 느낄 수 있는 표현은 물론 종이접기로써 갖출 수 있는 조형적 덕목은 우리처럼 사물을 표현해 내는 것에 급급한 평범한 작가들을 주눅 들게 하기에 충분합니다.

아마도 그만이 표현해 낼 수 있는 조형미는 그가 베트남과 미국에서 공부하고 지금까지 직업으로 갖고 있는 건축학에 기반을 두고 있다고 생각됩니다. 현재 미국에서 몇몇 동료들과 건축분야에서 활동하고 있는 그는 우리와 인터뷰에서 자신을 Minimalist라 표현했습니다.
매우 적절한 표현으로 저 또한 그의 작품을 한마디로 표현한다면 미니멀리즘이라 말하고 싶습니다. 과감한 생략과 도드라진 부분적 표현만으로도 그는 그가 말

하고 싶어하는 것을 모두 표현해냅니다. 종이접기 작가로서 꼭 갖고 싶은 능력 중 하나입니다. 또한 그는 우리나라의 종이접기인들에게 자신만의 색깔 있는 종이접기를 찾기 바란다는 말을 전했습니다. 저는 전적으로 그의 말에 동감합니다. 작금의 시대에 인터넷 등 매스미디어로 인한 대중화로 종이접기는 너무 뭉툭하게 되어 버린 느낌을 받습니다. 이는 형태적 표현상의 느낌뿐 아니라 기법과 소재 모든 면에 있어서 느껴지는 현실입니다.

종이접기의 대항해시대 끝자락에 있는 지금 우리에게 에릭 조엘의 해학(의미), 조엘 쿠퍼의 치밀함(기법) 그리고 지앙 딘의 깊이(표현)를 조금이라도 이해하고 시도할 수 있는 작가가 단 한 명이라도 있기를 바라는 저의 생각이 과한 것일까요? 짧은 지면을 통해 'Wet folding'이 어떤 것이다. 지앙 딘의 작품이 어떻다고 설명한들 그것은 그저 눈을 감고 코끼리를 더듬어 설명하는 것이라 그만큼 그의 작품은 나의 짧은 언어적 표현으로는 설명을 불허합니다. 그렇기에 나는 독자들에게 지금 곧 그의 홈페이지(https://giangdinh.com/)에 접속하여 그의 작품을 보길 권유합니다.

그리고 아이들의 스케치북이라도 뜯어내고 스프레이에 물이라도 담아 종이를 적셔 그의 작품을 단 하나라도 접어보기를 권합니다. 이것이 종이접기를 예술의 경지로 끌어올린 작가에 대한 종이접기인으로써의 최소한의 예의가 아닐까 합니다.

두꺼운 종이와 얇은 종이

베타

Beta

종이 | 《유제지(수제 종이)》 혹은 티슈페이퍼 15㎝

비교적 단순한 구조이므로 아주 세밀하고
작은 부분인 입, 눈을 표현함으로써
단순함을 벗어냈습니다.
긴 꼬리지느러미를 표현하는 방법에 주목해 보세요.
지느러미를 얇게 표현하는 데 목적이 있습니다.

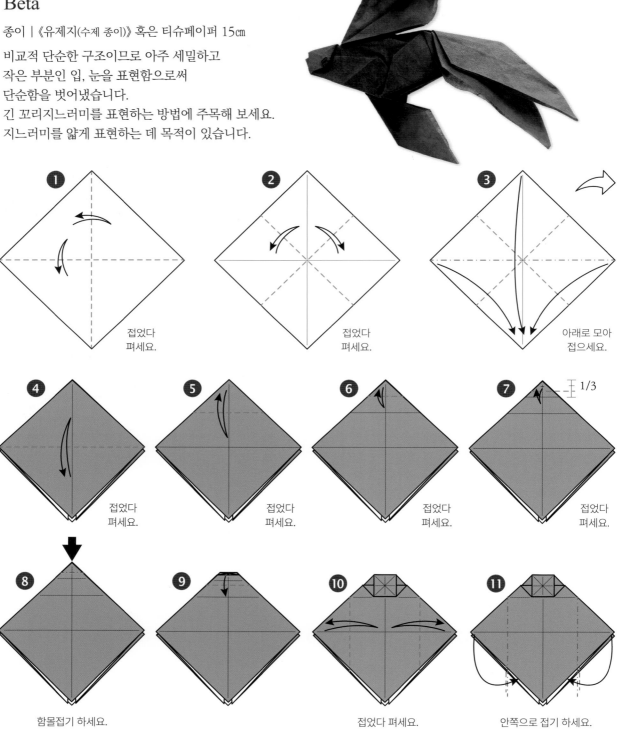

❶ 접었다 펴세요.

❷ 접었다 펴세요.

❸ 아래로 모아 접으세요.

❹ 접었다 펴세요.

❺ 접었다 펴세요.

❻ 접었다 펴세요.

❼ 1/3 접었다 펴세요.

❽ 함몰접기 하세요.

❾

❿ 접었다 펴세요.

⓫ 안쪽으로 접기 하세요.

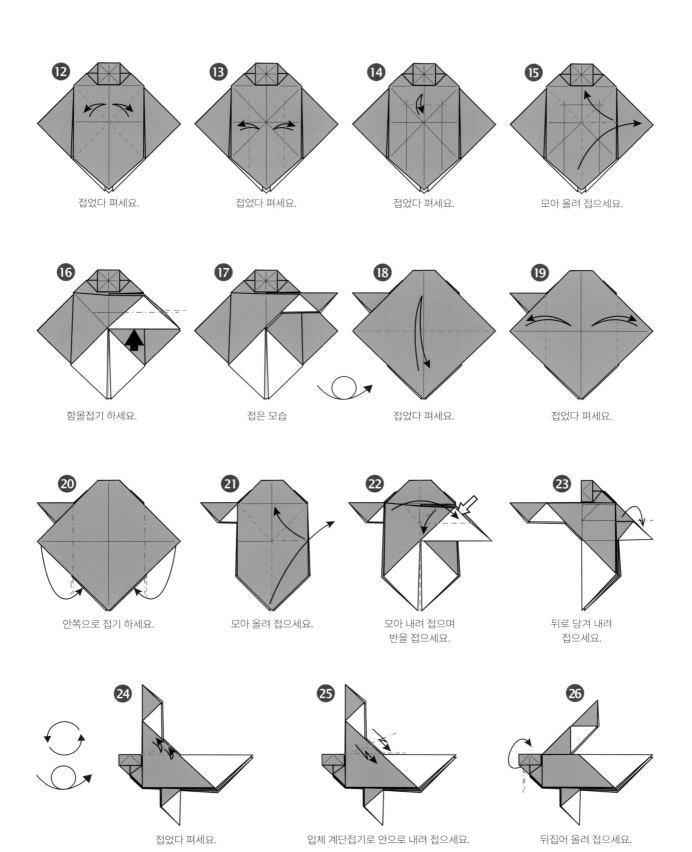

12 접었다 펴세요.

13 접었다 펴세요.

14 접었다 펴세요.

15 모아 올려 접으세요.

16 함몰접기 하세요.

17 접은 모습

18 접었다 펴세요.

19 접었다 펴세요.

20 안쪽으로 접기 하세요.

21 모아 올려 접으세요.

22 모아 내려 접으며
반을 접으세요.

23 뒤로 당겨 내려
접으세요.

24 접었다 펴세요.

25 입체 계단접기로 안으로 내려 접으세요.

26 뒤집어 올려 접으세요.

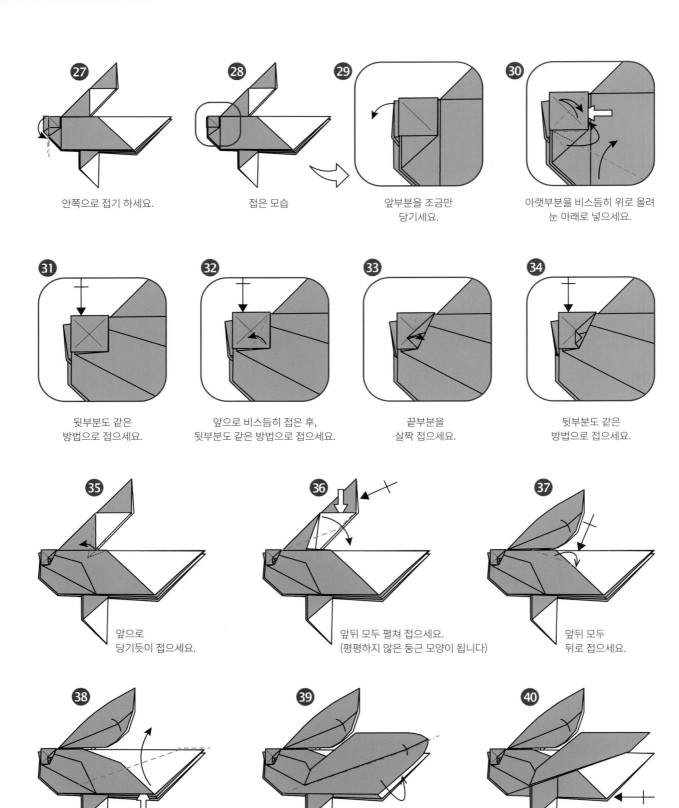

27 안쪽으로 접기 하세요.

28 접은 모습

29 앞부분을 조금만
당기세요.

30 아랫부분을 비스듬히 위로 올려
눈 아래로 넣으세요.

31 뒷부분도 같은
방법으로 접으세요.

32 앞으로 비스듬히 접은 후,
뒷부분도 같은 방법으로 접으세요.

33 끝부분을
살짝 접으세요.

34 뒷부분도 같은
방법으로 접으세요.

35 앞으로
당기듯이 접으세요.

36 앞뒤 모두 펼쳐 접으세요.
(평평하지 않은 둥근 모양이 됩니다)

37 앞뒤 모두
뒤로 접으세요.

38 앞장만 위로 올려 접으세요.
(평평하지 않음)

39 밖으로 뒤집어 접기 하세요.
(평평해짐)

40 뒷부분도 같은
방법으로 접으세요.

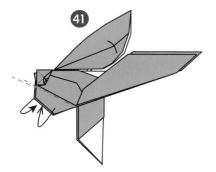

41

앞뒤 모두 안으로 접으세요.

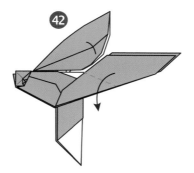

42

앞으로 접어 내리세요.

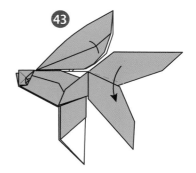

43

앞으로 접어 내리세요.

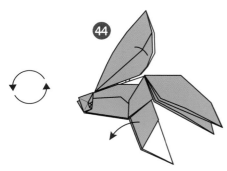

44

아래 지느러미를 앞으로 당기세요.

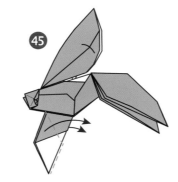

45

밖으로 뒤집어 접기 하세요.

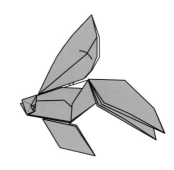

완성

티슈페이퍼는 17~25 ㎎/㎡ 의 포장에 사용되는
매우 얇은 종이로 얇은 날개나 꽃잎 등을
표현하기 적절한 종이입니다.
하지만 고정력이 약하여 이를 보완하기 위해
풀을 사용 하기도 합니다.
단면 혹은 양면의 호일 합지 작업을 하여
사용하기도 합니다.

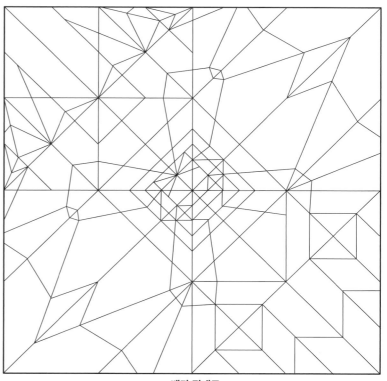

베타 전개도

색으로 표현하자

스컹크

Skunk

종이 | 《다물 클래식-매트》 20㎝

색의 특징을 갖는 동물을
색상이 있는 종이로 표현해 보세요.

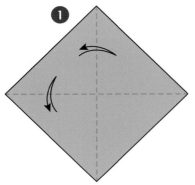

접었다 펴세요.

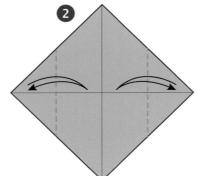

중심점에 맞추어 접었다 펴세요.

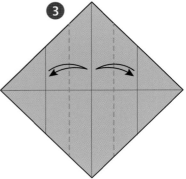

접었다 편 선에 맞추어 접었다 펴세요.

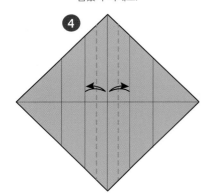

접었다 펴세요.

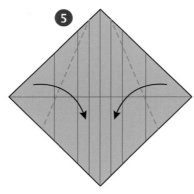

선에 맞추어 비스듬히 접으세요.

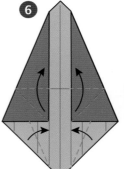

위로 당겨 올려 접으세요.

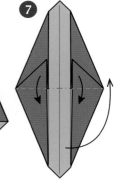

뒤로 올려 접으세요.

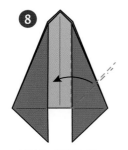

펼쳐 눌러 접으세요.

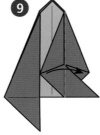

옆으로 넘기세요.

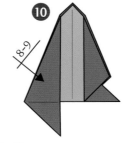

8~9번과 같은 방법으로 접으세요.

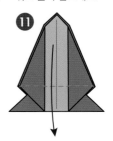

아래로 내려 접으세요.

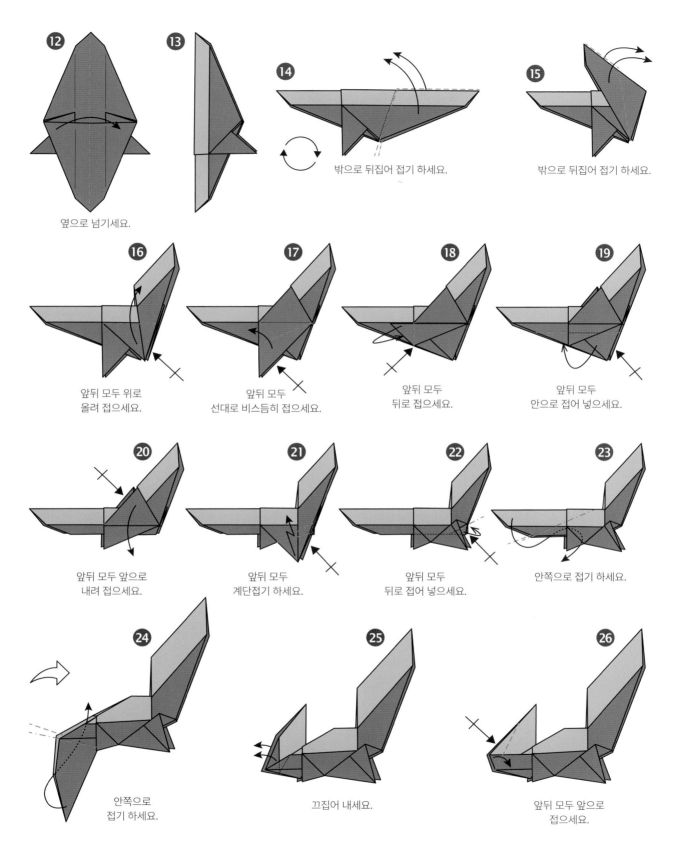

12 옆으로 넘기세요.

13

14 밖으로 뒤집어 접기 하세요.

15 밖으로 뒤집어 접기 하세요.

16 앞뒤 모두 위로 올려 접으세요.

17 앞뒤 모두 선대로 비스듬히 접으세요.

18 앞뒤 모두 뒤로 접으세요.

19 앞뒤 모두 안으로 접어 넣으세요.

20 앞뒤 모두 앞으로 내려 접으세요.

21 앞뒤 모두 계단접기 하세요.

22 앞뒤 모두 뒤로 접어 넣으세요.

23 안쪽으로 접기 하세요.

24 안쪽으로 접기 하세요.

25 끄집어 내세요.

26 앞뒤 모두 앞으로 접으세요.

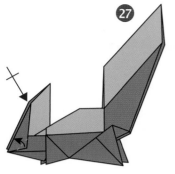

27

앞뒤 모두 앞으로
접어 눈을 만드세요.

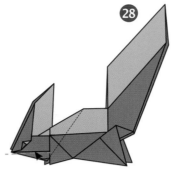

28

앞으로 접어
올려 넣으세요.

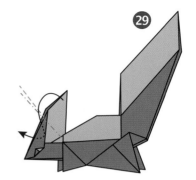

29

안쪽으로
접기 하세요.

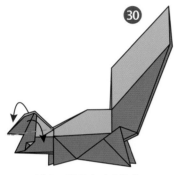

30

밖으로 뒤집어 접기 하세요.

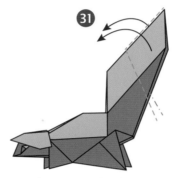

31

밖으로 뒤집어 접기 하세요.

완성

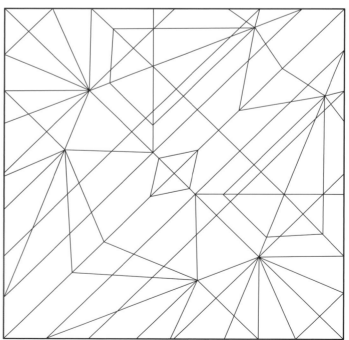

스컹크 전개도

너구리

🌸 심사작품

Raccoon

종이 | 《다물 클래식-매트》 20㎝

형태보다는 색깔의 안배로 동물을 표현한
경우입니다. 필요한 부분의 색을 어떻게
표현하는지 알아봅니다.
작고 간단한 경우는 색종이로, 접는 단계가
많을 경우는 다물지가 적당합니다.

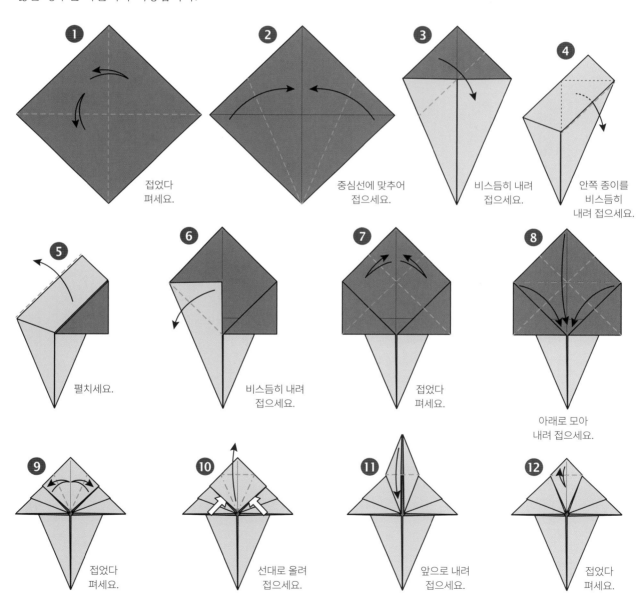

1 접었다
펴세요.

2 중심선에 맞추어
접으세요.

3 비스듬히 내려
접으세요.

4 안쪽 종이를
비스듬히
내려 접으세요.

5 펼치세요.

6 비스듬히 내려
접으세요.

7 접었다
펴세요.

8 아래로 모아
내려 접으세요.

9 접었다
펴세요.

10 선대로 올려
접으세요.

11 앞으로 내려
접으세요.

12 접었다
펴세요.

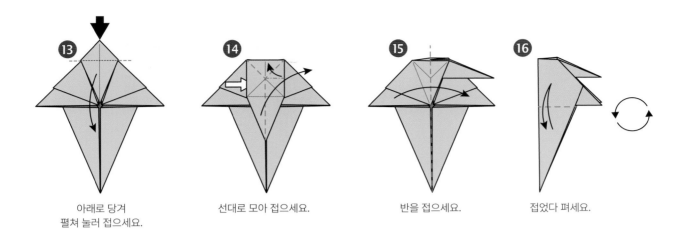

13 아래로 당겨
펼쳐 눌러 접으세요.

14 선대로 모아 접으세요.

15 반을 접으세요.

16 접었다 펴세요.

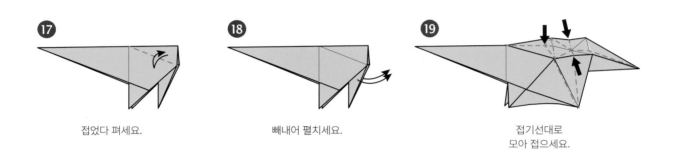

17 접었다 펴세요.

18 빼내어 펼치세요.

19 접기선대로
모아 접으세요.

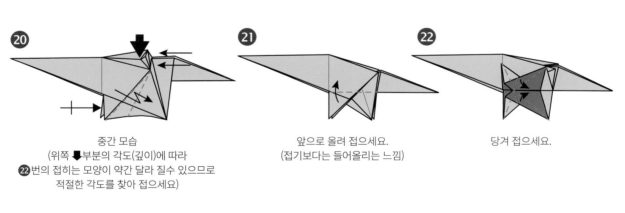

20 중간 모습
(위쪽 ⬇부분의 각도(깊이)에 따라
㉒번의 접히는 모양이 약간 달라 질수 있으므로
적절한 각도를 찾아 접으세요)

21 앞으로 올려 접으세요.
(접기보다는 들어올리는 느낌)

22 당겨 접으세요.

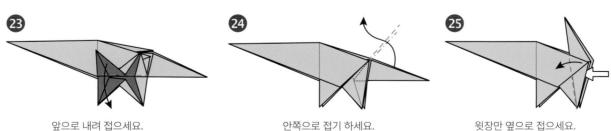

23 앞으로 내려 접으세요.

24 안쪽으로 접기 하세요.

25 윗장만 옆으로 접으세요.

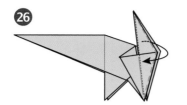

밖으로 뒤집어 접기 하세요.
(찢어질 수 있으니 조심하세요)

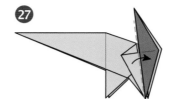

다시 덮으세요.

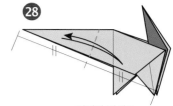

접었다 펴세요.

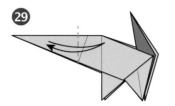

접었다 펴세요.

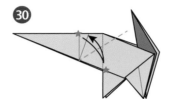

접었다 펴세요.

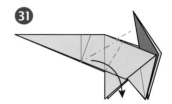

펼쳐 눌러 접으세요.

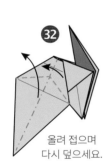

올려 접으며
다시 덮으세요.

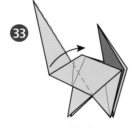

펼치세요.

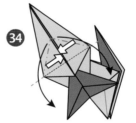

아래로 펼쳐 눌러
접으세요.

접은 모습

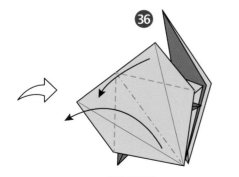

올려 접으며
다시 덮으세요.

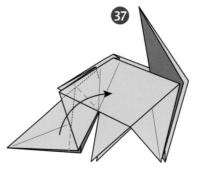

옆으로 당겨 접으며
펼쳐 눌러 접으세요.

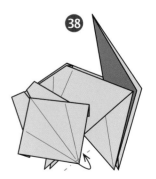

뒤로 접으세요.

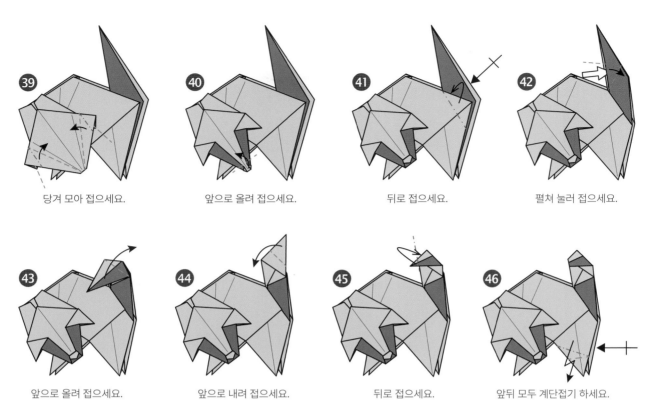

39 당겨 모아 접으세요.

40 앞으로 올려 접으세요.

41 뒤로 접으세요.

42 펼쳐 눌러 접으세요.

43 앞으로 올려 접으세요.

44 앞으로 내려 접으세요.

45 뒤로 접으세요.

46 앞뒤 모두 계단접기 하세요.

완성

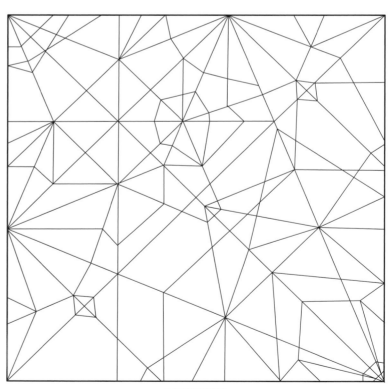

너구리 전개도

미국 홍관조

U.S. Red-crested Cardinal

종이 | 《단면 색종이》 20㎝

붉은 몸과 검은 뺨을 가진 미국 홍관조입니다.
적당한 색종이가 없으면
빨강과 검정 색종이를 붙여 사용하세요.
뺨을 만들기 위한 과정과
발을 만드는 과정을 익혀 봅니다.

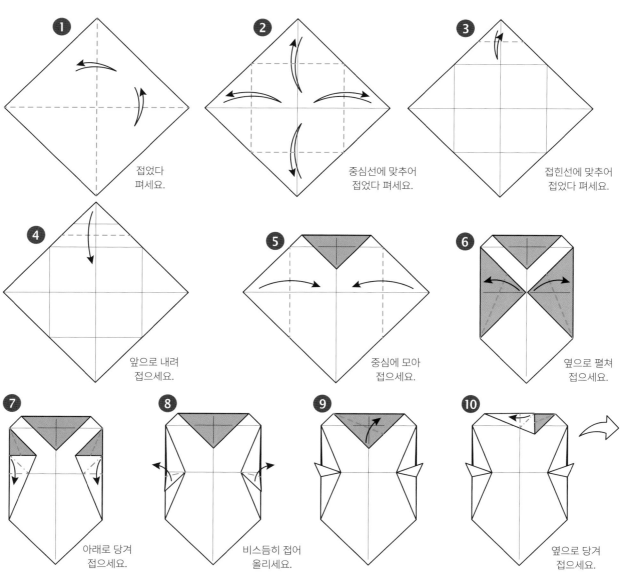

1 접었다 펴세요.

2 중심선에 맞추어 접었다 펴세요.

3 접힌선에 맞추어 접었다 펴세요.

4 앞으로 내려 접으세요.

5 중심에 모아 접으세요.

6 옆으로 펼쳐 접으세요.

7 아래로 당겨 접으세요.

8 비스듬히 접어 올리세요.

9

10 옆으로 당겨 접으세요.

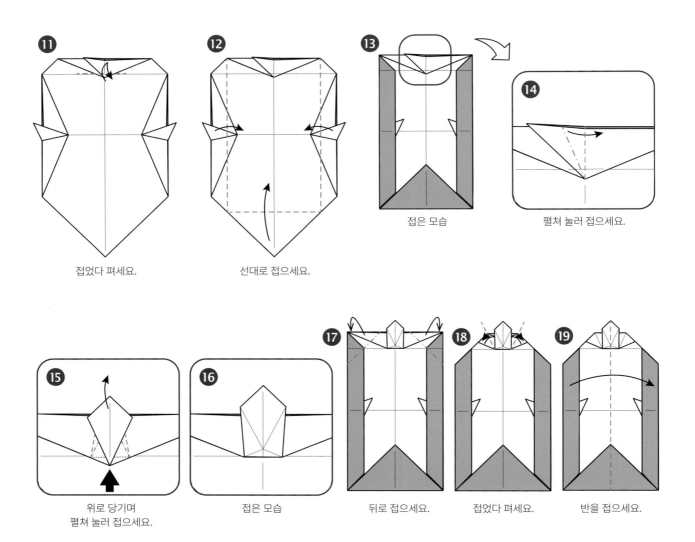

⑪ 접었다 펴세요.

⑫ 선대로 접으세요.

⑬ 접은 모습.

⑭ 펼쳐 눌러 접으세요.

⑮ 위로 당기며 펼쳐 눌러 접으세요.

⑯ 접은 모습

⑰ 뒤로 접으세요.

⑱ 접었다 펴세요.

⑲ 반을 접으세요.

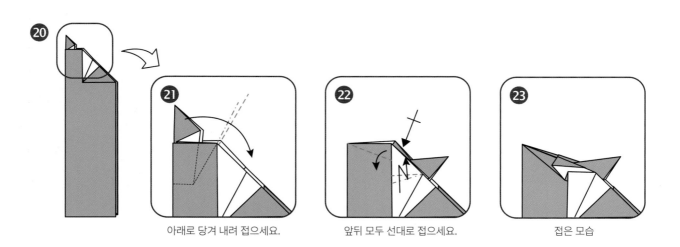

㉑ 아래로 당겨 내려 접으세요.

㉒ 앞뒤 모두 선대로 접으세요.

㉓ 접은 모습

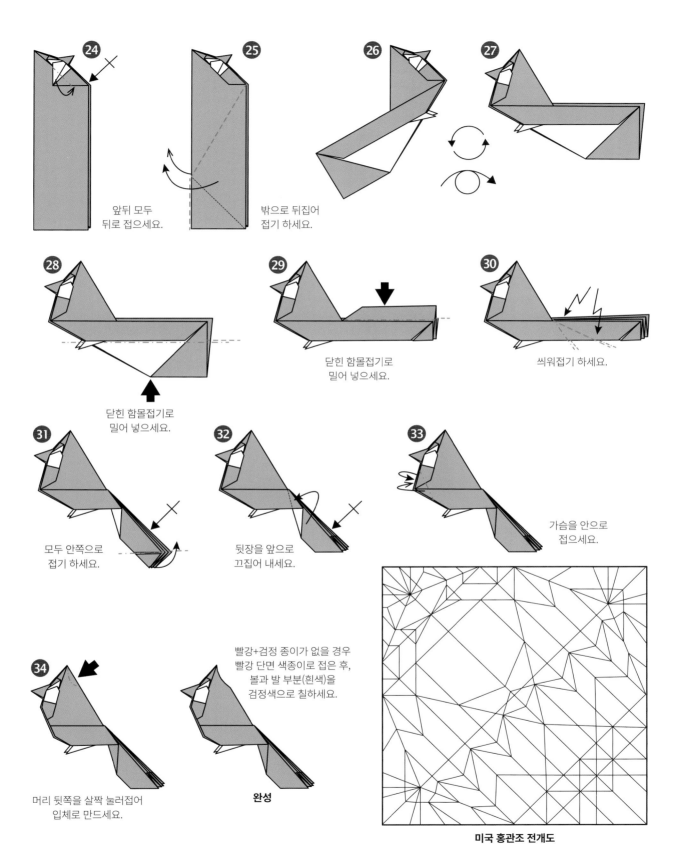

24 앞뒤 모두
뒤로 접으세요.

25 밖으로 뒤집어
접기 하세요.

26

27

28 닫힌 함몰접기로
밀어 넣으세요.

29 닫힌 함몰접기로
밀어 넣으세요.

30 씌워접기 하세요.

31 모두 안쪽으로
접기 하세요.

32 뒷장을 앞으로
끄집어 내세요.

33 가슴을 안으로
접으세요.

34 머리 뒷쪽을 살짝 눌러접어
입체로 만드세요.

빨강+검정 종이가 없을 경우
빨강 단면 색종이로 접은 후,
볼과 발 부분(흰색)을
검정색으로 칠하세요.

완성

미국 홍관조 전개도

맘모스

🌸 심사작품

Mammoth

종이 | 《다물 클래식-매트》 혹은 마분지 45㎝

㉓ 번의 경우 안쪽에서 겹쳐 구겨지는 것을 최대한 평평하게 만드는 과정에 유의해서 접으세요.

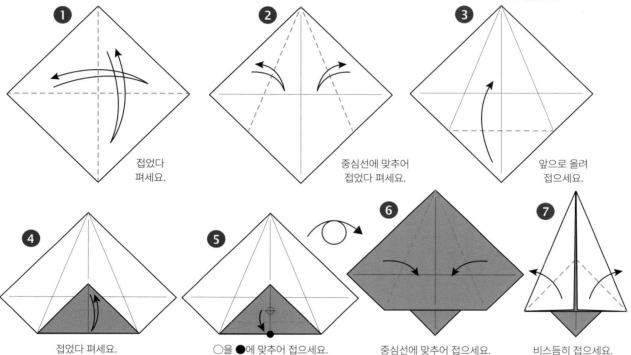

❶ 접었다 펴세요.

❷ 중심선에 맞추어 접었다 펴세요.

❸ 앞으로 올려 접으세요.

❹ 접었다 펴세요.

❺ ○을 ●에 맞추어 접으세요.

❻ 중심선에 맞추어 접으세요.

❼ 비스듬히 접으세요.

종이의 크기

작은 종이로 접을 것인가 큰 종이로 접을 것인가? 일반적으로 독자분들이 종이를 접을 때 매우 작은 종이로 접는 경우를 많이 봅니다. 이 경우 장단점은 있습니다. 작은 종이로 접을 경우, 귀엽고 앙증맞은 종이접기가 완성되며 호일 합지의 경우(금은지)는 고정력이 무척 좋아 다듬기에 매우 유리합니다. 하지만 이러한 장점보다는 작품을 정확히 접지 못한다는(창작의 경우 정형화 작업이 어렵다) 단점이 더욱 큽니다. 특히 어린 친구들에게 되도록 큰 종이로 접기를 하고 합지 또한 멀리하라고 지도합니다. 작을수록 다음 단계로 넘어갈 수 있는 소지가 크기 때문입니다. 종이접기를 배우는 단계에서는 가능한 큰 종이로 연습하여 주시기를 바랍니다.

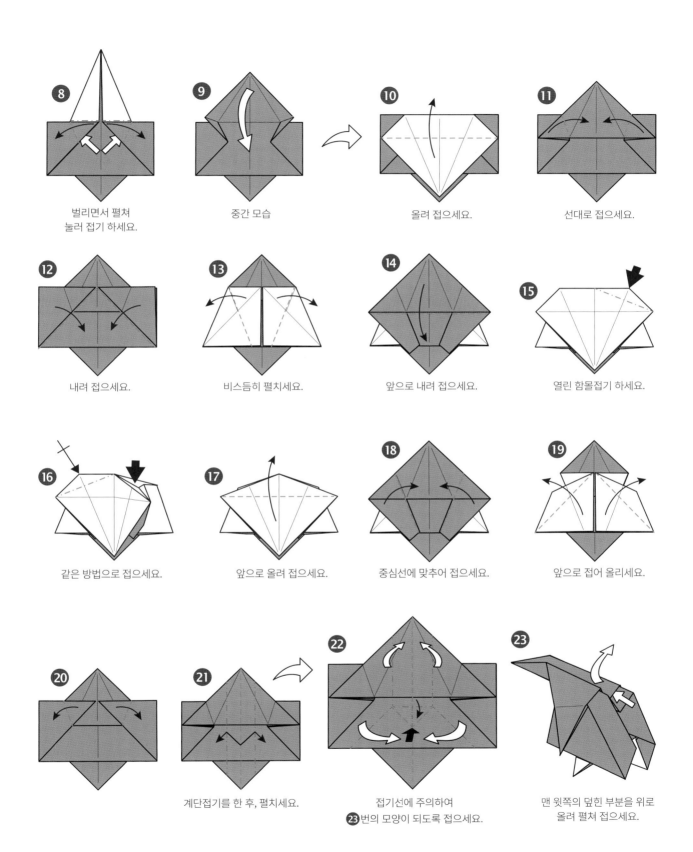

8 벌리면서 펼쳐
눌러 접기 하세요.

9 중간 모습

10 올려 접으세요.

11 선대로 접으세요.

12 내려 접으세요.

13 비스듬히 펼치세요.

14 앞으로 내려 접으세요.

15 열린 함몰접기 하세요.

16 같은 방법으로 접으세요.

17 앞으로 올려 접으세요.

18 중심선에 맞추어 접으세요.

19 앞으로 접어 올리세요.

20

21 계단접기를 한 후, 펼치세요.

22 접기선에 주의하여
23번의 모양이 되도록 접으세요.

23 맨 윗쪽의 덮힌 부분을 위로
올려 펼쳐 접으세요.

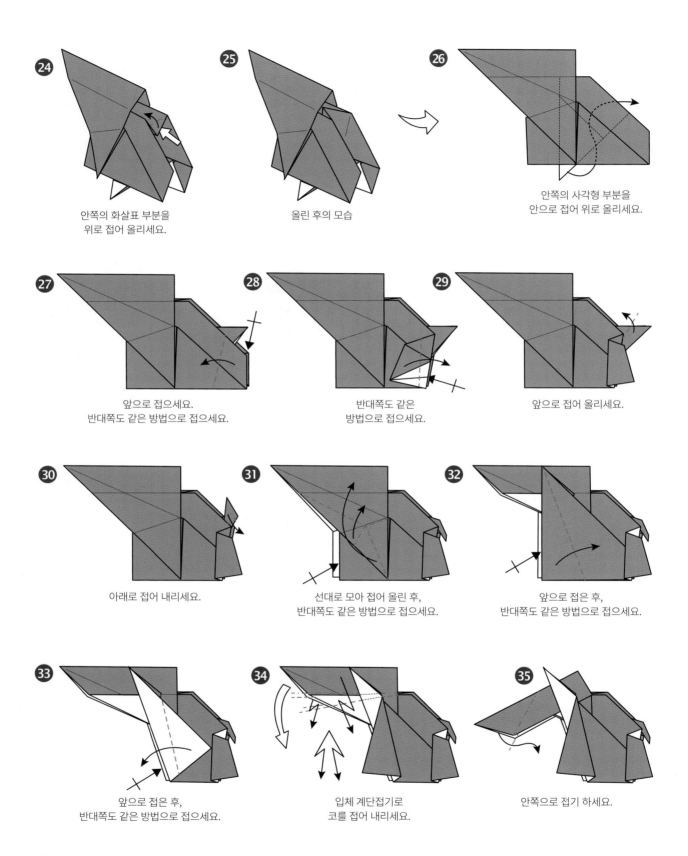

24 안쪽의 화살표 부분을
위로 접어 올리세요.

25 올린 후의 모습

26 안쪽의 사각형 부분을
안으로 접어 위로 올리세요.

27 앞으로 접으세요.
반대쪽도 같은 방법으로 접으세요.

28 반대쪽도 같은
방법으로 접으세요.

29 앞으로 접어 올리세요.

30 아래로 접어 내리세요.

31 선대로 모아 접은 올린 후,
반대쪽도 같은 방법으로 접으세요.

32 앞으로 접은 후,
반대쪽도 같은 방법으로 접으세요.

33 앞으로 접은 후,
반대쪽도 같은 방법으로 접으세요.

34 입체 계단접기로
코를 접어 내리세요.

35 안쪽으로 접기 하세요.

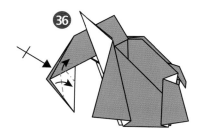

36 선대로 접으며
반대쪽도 같은 방법으로 접으세요.

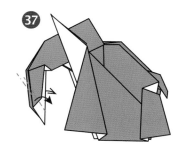

37 밖으로 뒤집어 접기 하세요.

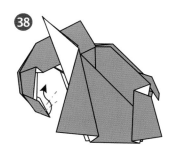

38 안쪽으로 접기 하세요.

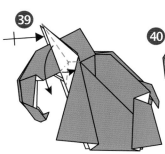

39 선대로 모아 접으며
반대쪽도 같은 방법으로 접으세요.

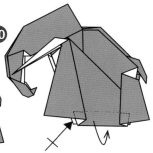

40 안쪽으로 접어 올리세요
반대쪽도 같은 방법으로 접으세요.

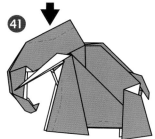

41 머리 부분을 눌러 주고
배와 다리 부분도
다듬어 입체로 만드세요.

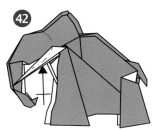

42 상아 부분을 다듬어
뾰족하게 마무리하세요.

완성

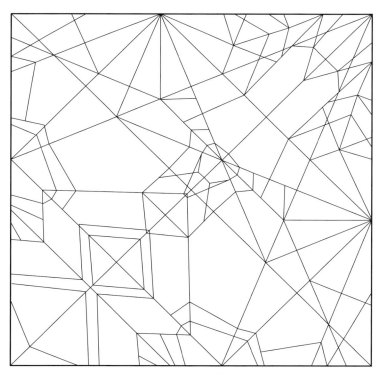

맘모스 전개도

큰 종이의 사용
바다표범
Seal

종이 | 《다물 클래식-매트》 혹은 마분지 45㎝

앞가슴 부분을 입체감 있도록
부풀리는 방법에 주목하여 접으세요.

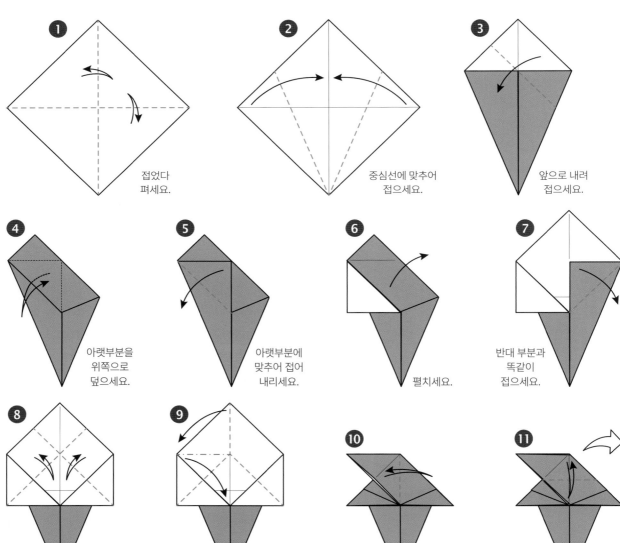

1 접었다 펴세요.

2 중심선에 맞추어 접으세요.

3 앞으로 내려 접으세요.

4 아랫부분을 위쪽으로 덮으세요.

5 아랫부분에 맞추어 접어 내리세요.

6 펼치세요.

7 반대 부분과 똑같이 접으세요.

8 접었다 펴세요.

9 선대로 모아 접으세요.

10 접었다 펴세요.

11 접었다 펴세요.

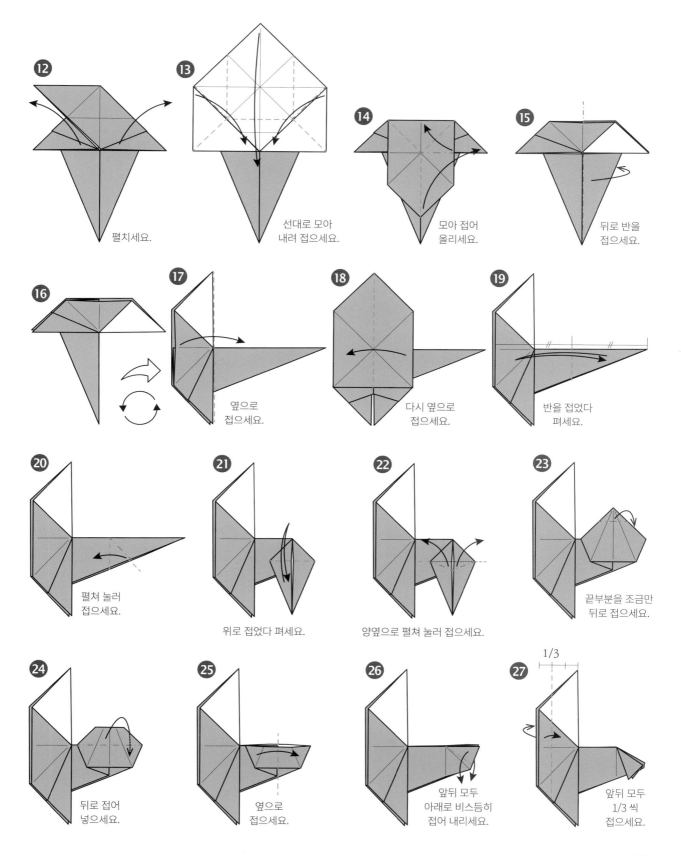

⑫ 펼치세요.

⑬ 선대로 모아
내려 접으세요.

⑭ 모아 접어
올리세요.

⑮ 뒤로 반을
접으세요.

⑯

⑰ 옆으로
접으세요.

⑱ 다시 옆으로
접으세요.

⑲ 반을 접었다
펴세요.

⑳ 펼쳐 눌러
접으세요.

㉑ 위로 접었다 펴세요.

㉒ 양옆으로 펼쳐 눌러 접으세요.

㉓ 끝부분을 조금만
뒤로 접으세요.

㉔ 뒤로 접어
넣으세요.

㉕ 옆으로
접으세요.

㉖ 앞뒤 모두
아래로 비스듬히
접어 내리세요.

㉗ 1/3
앞뒤 모두
1/3 씩
접으세요.

49

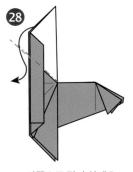

안쪽으로 접기 하세요.

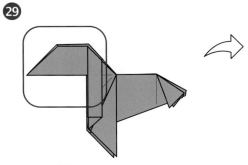

접은 모습

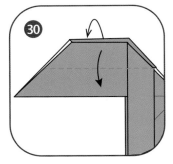

앞뒤 모두 반씩 내려 접으세요.

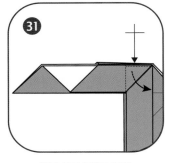

앞뒤 모두 안쪽 부분을
밖으로 빼내 접으세요.

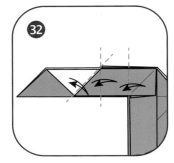

각각 접었다 펴세요.

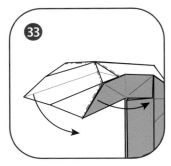

접었다 편 선을 이용해
펼쳐 눌러 접으세요.

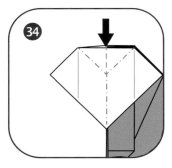

윗부분을 함몰시키며
35번처럼 접으세요.

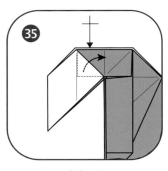

앞뒤 모두
안쪽 부분을 빼내세요.

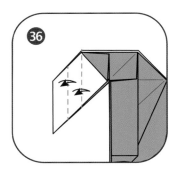

각각 접었다 펴세요.

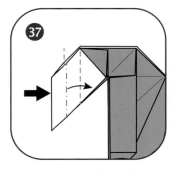

접었다 편 선을 이용해
펼쳐 눌러 접으세요.

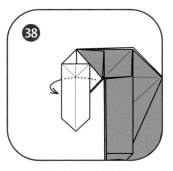

뒤쪽도 옆으로 펼치세요.

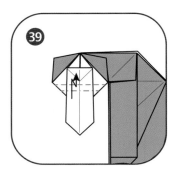

계단접기 하세요.

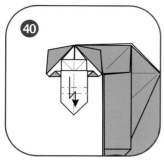

계단접기 하세요.

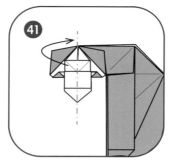

뒤로 반을 접으세요.

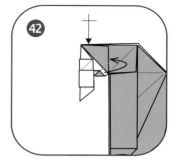

뒤로 접으세요.
반대쪽도 같은 방법으로 접으세요.

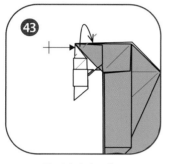

뒤로 넣어 접으세요.
반대쪽도 같은 방법으로 접으세요.

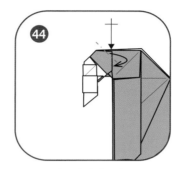

뒤로 내려 접으세요.
반대쪽도 같은 방법으로 접으세요.

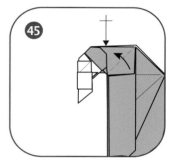

앞으로 올려 접으세요.
반대쪽도 같은 방법으로 접으세요.

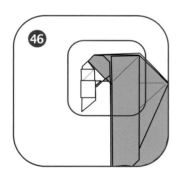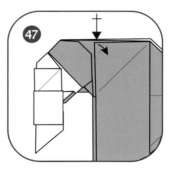

모서리를 앞으로 접으세요.
반대쪽도 같은 방법으로 접으세요.

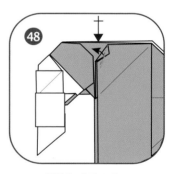

펼쳐 눌러 접으세요.
반대쪽도 같은 방법으로 접으세요.

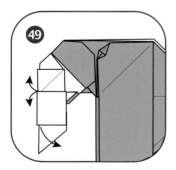

잡아 당겨 둥글게 만드세요.

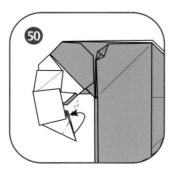

안쪽으로 접기 하세요.

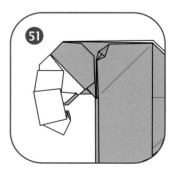

머리 완성

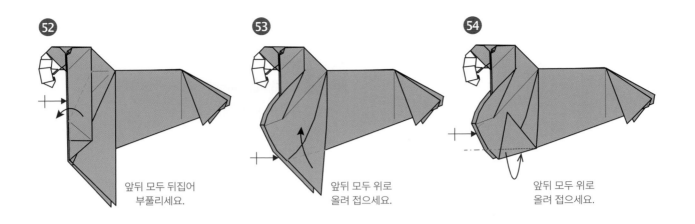

52 앞뒤 모두 뒤집어
부풀리세요.

53 앞뒤 모두 위로
올려 접으세요.

54 앞뒤 모두 위로
올려 접으세요.

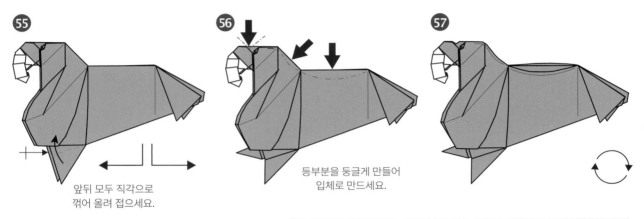

55 앞뒤 모두 직각으로
꺾어 올려 접으세요.

56 등부분을 둥글게 만들어
입체로 만드세요.

57

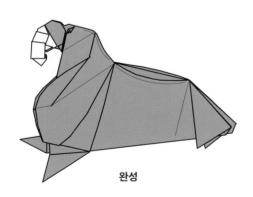

완성

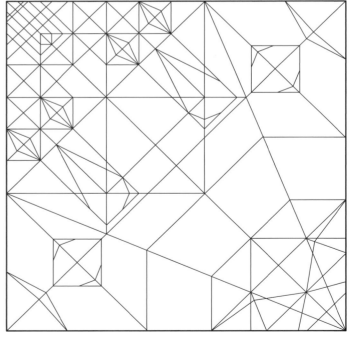

바다표범 전개도

아프리카 코끼리

African Elephant

종이 | 《다물 클래식-매트》 혹은 마분지 45㎝

접으려는 대상의 실제 크기에 가깝게 접는
경우를 life size 접기라 합니다.
하지만 실제 크기의 접기를 위해서는
매우 큰 종이를 사용해야 하므로
사실상 어려운 작업입니다. 코끼리의 얼굴이
정면을 주시하는 표현에 주의합니다.

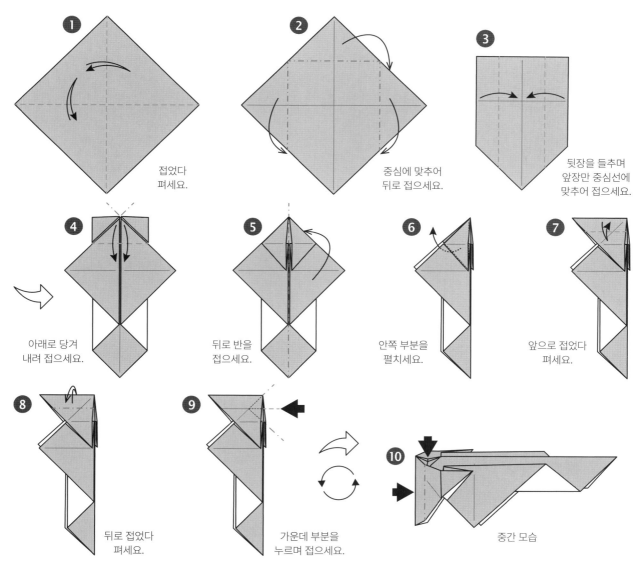

❶ 접었다
펴세요.

❷ 중심에 맞추어
뒤로 접으세요.

❸ 뒷장을 들추며
앞장만 중심선에
맞추어 접으세요.

❹ 아래로 당겨
내려 접으세요.

❺ 뒤로 반을
접으세요.

❻ 안쪽 부분을
펼치세요.

❼ 앞으로 접었다
펴세요.

❽ 뒤로 접었다
펴세요.

❾ 가운데 부분을
누르며 접으세요.

❿ 중간 모습

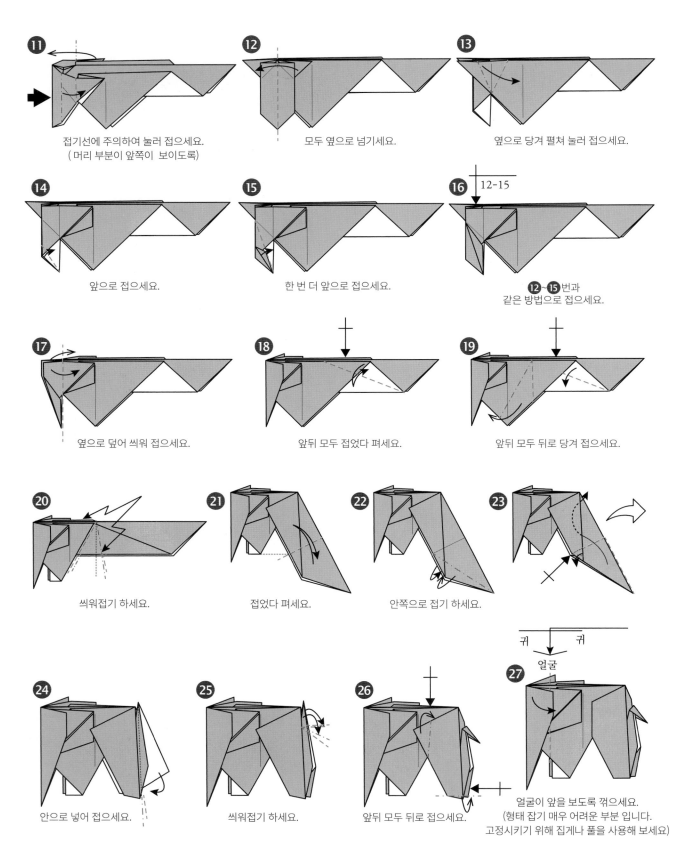

11 접기선에 주의하여 눌러 접으세요.
(머리 부분이 앞쪽이 보이도록)

12 모두 옆으로 넘기세요.

13 옆으로 당겨 펼쳐 눌러 접으세요.

14 앞으로 접으세요.

15 한 번 더 앞으로 접으세요.

16 12-15 ❶❷~❶❺번과
같은 방법으로 접으세요.

17 옆으로 덮어 씌워 접으세요.

18 앞뒤 모두 접었다 펴세요.

19 앞뒤 모두 뒤로 당겨 접으세요.

20 씌워접기 하세요.

21 접었다 펴세요.

22 안쪽으로 접기 하세요.

23

24 안으로 넣어 접으세요.

25 씌워접기 하세요.

26 앞뒤 모두 뒤로 접으세요.

귀 귀
얼굴

27 얼굴이 앞을 보도록 꺾으세요.
(형태 잡기 매우 어려운 부분 입니다.
고정시키기 위해 집게나 풀을 사용해 보세요)

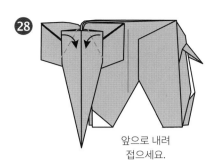

28 앞으로 내려
접으세요.

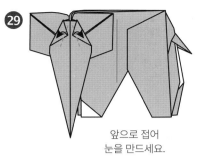

29 앞으로 접어
눈을 만드세요.

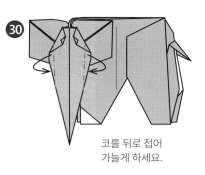

30 코를 뒤로 접어
가늘게 하세요.

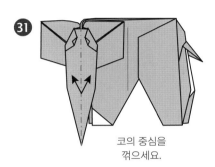

31 코의 중심을
꺾으세요.

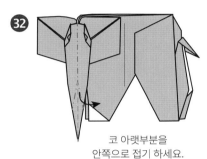

32 코 아랫부분을
안쪽으로 접기 하세요.

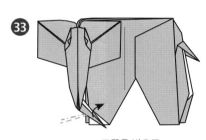

33 코끝을 밖으로
뒤집어 접기 하세요.

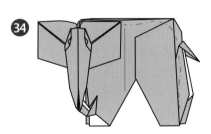

34 등과 다리 부분을
다듬으세요.

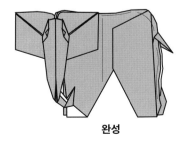

완성

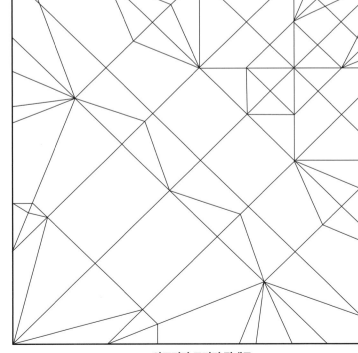

아프리카 코끼리 전개도

3

동물 형태 특징 잡기

다리를 표현하거나 눈을 표현하는 등
동물의 다양한 형태를 표현하는 방법을 알아봅니다.

네 다리의 표현
미어캣
Meerkat

종이 | 《다물 클래식-매트》30㎝

사지동물 중 두 다리로 서는 동물을 접어보려
합니다. 미어캣의 눈, 코의 색상과 몸의 색깔이
다른 부분에 집중하였습니다.
⑯ ~ ⑰번을 통해 꼬리와 다리를
동시에 만드는 방법에 주목하세요.

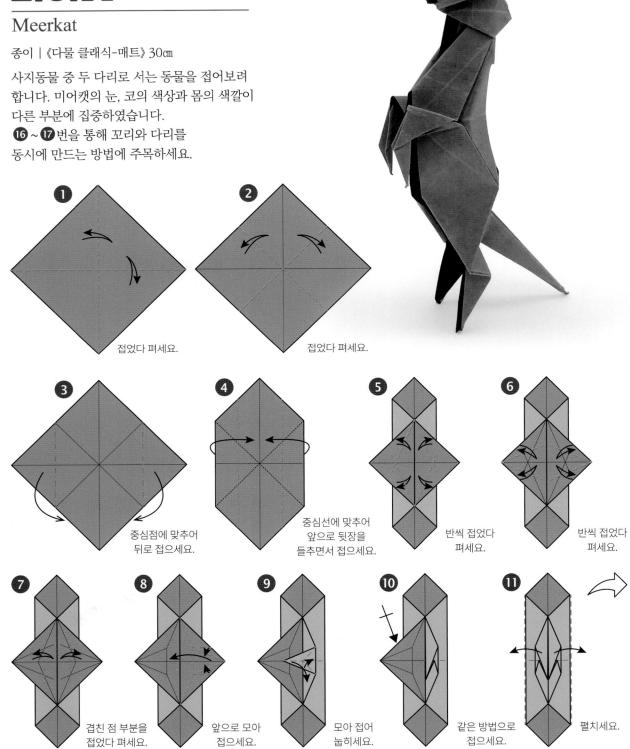

❶ 접었다 펴세요.

❷ 접었다 펴세요.

❸ 중심점에 맞추어 뒤로 접으세요.

❹ 중심선에 맞추어 앞으로 뒷장을 들추면서 접으세요.

❺ 반씩 접었다 펴세요.

❻ 반씩 접었다 펴세요.

❼ 겹친 점 부분을 접었다 펴세요.

❽ 앞으로 모아 접으세요.

❾ 모아 접어 눕히세요.

❿ 같은 방법으로 접으세요.

⓫ 펼치세요.

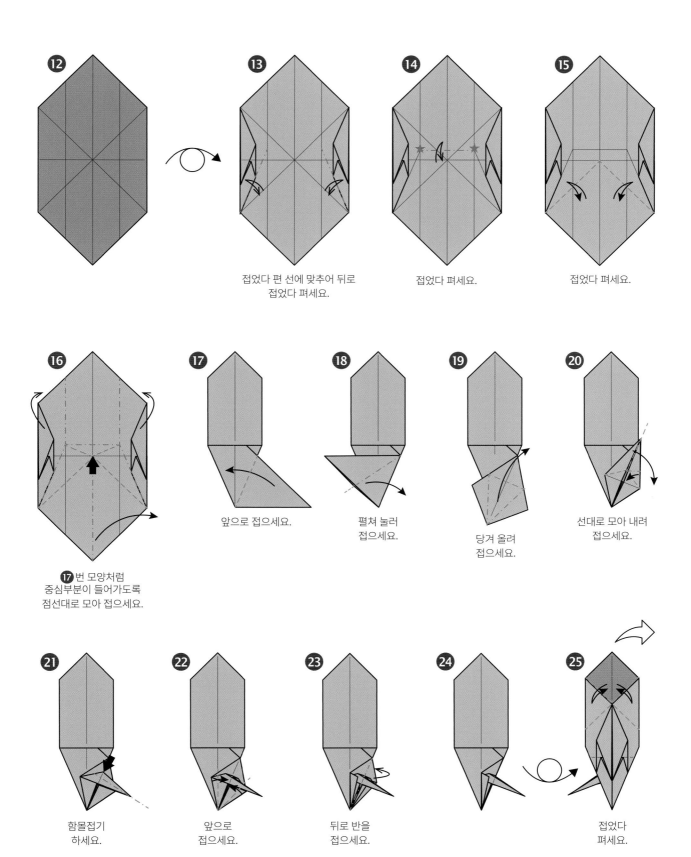

12

13

접었다 편 선에 맞추어 뒤로
접었다 펴세요.

14

접었다 펴세요.

15

접었다 펴세요.

16

⑰번 모양처럼
중심부분이 들어가도록
점선대로 모아 접으세요.

17

앞으로 접으세요.

18

펼쳐 눌러
접으세요.

19

당겨 올려
접으세요.

20

선대로 모아 내려
접으세요.

21

함몰접기
하세요.

22

앞으로
접으세요.

23

뒤로 반을
접으세요.

24

25

접었다
펴세요.

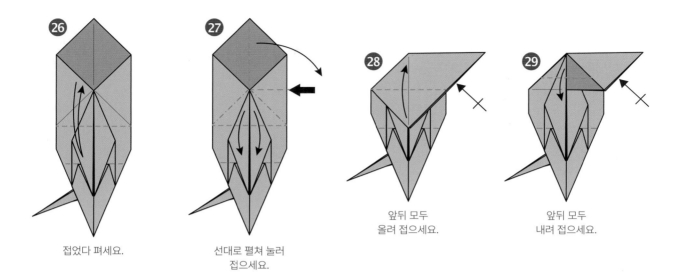

접었다 펴세요.

선대로 펼쳐 눌러
접으세요.

앞뒤 모두
올려 접으세요.

앞뒤 모두
내려 접으세요.

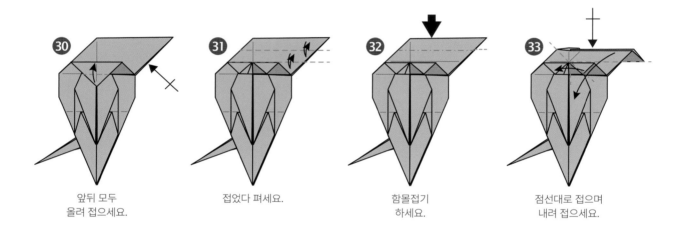

앞뒤 모두
올려 접으세요.

접었다 펴세요.

함몰접기
하세요.

점선대로 접으며
내려 접으세요.

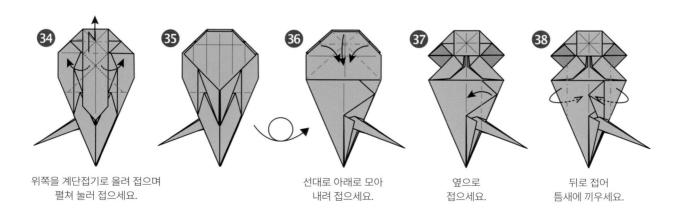

위쪽을 계단접기로 올려 접으며
펼쳐 눌러 접으세요.

선대로 아래로 모아
내려 접으세요.

옆으로
접으세요.

뒤로 접어
틈새에 끼우세요.

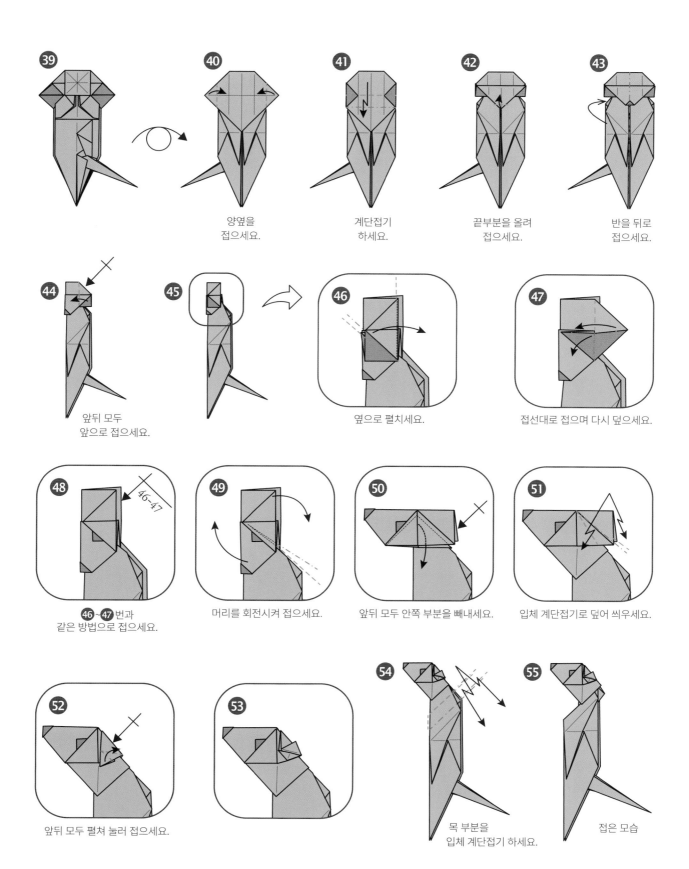

39 **40** 양옆을
접으세요.

41 계단접기
하세요.

42 끝부분을 올려
접으세요.

43 반을 뒤로
접으세요.

44 앞뒤 모두
앞으로 접으세요.

45 **46** 옆으로 펼치세요.

47 접선대로 접으며 다시 덮으세요.

48 46~47
46~**47**번과
같은 방법으로 접으세요.

49 머리를 회전시켜 접으세요.

50 앞뒤 모두 안쪽 부분을 빼내세요.

51 입체 계단접기로 덮어 씌우세요.

52 앞뒤 모두 펼쳐 눌러 접으세요.

53

54 목 부분을
입체 계단접기 하세요.

55 접은 모습

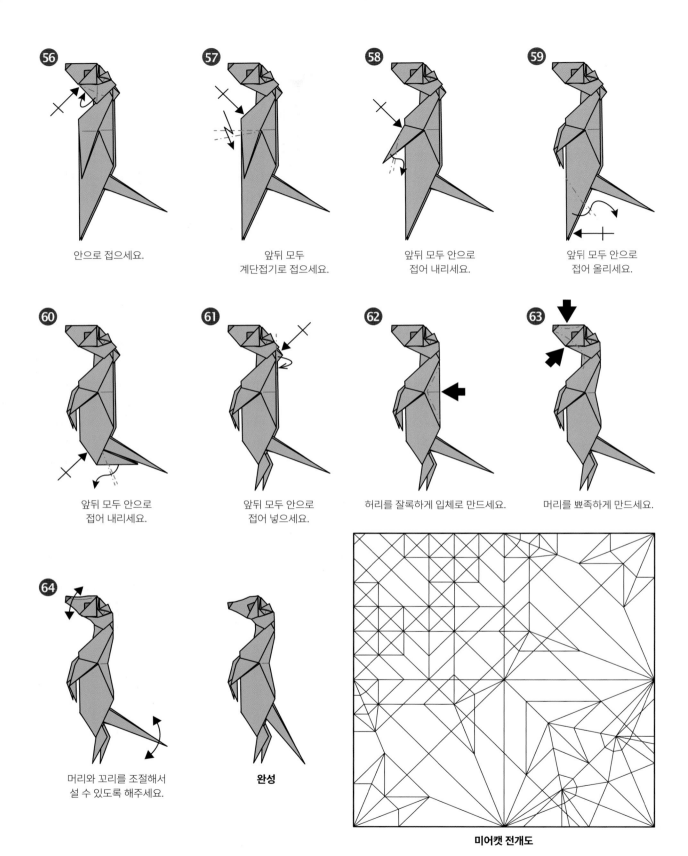

56 안으로 접으세요.

57 앞뒤 모두 계단접기로 접으세요.

58 앞뒤 모두 안으로 접어 내리세요.

59 앞뒤 모두 안으로 접어 올리세요.

60 앞뒤 모두 안으로 접어 내리세요.

61 앞뒤 모두 안으로 접어 넣으세요.

62 허리를 잘록하게 입체로 만드세요.

63 머리를 뾰족하게 만드세요.

64 머리와 꼬리를 조절해서 설 수 있도록 해주세요.

완성

미어캣 전개도

네 다리의 표현
족제비
Weasel

종이 | 《다물 클래식-매트》 30㎝

사지동물 중 네 다리로 서는 동물을 접어봅니다.
대체로 앞다리보다는 뒷다리가 길고
허벅지가 굵은 모습을 합니다.
네 개의 다리를 만들어 내는 방법을 익혀봅니다.
기본 틀을 이용하면 공룡류로의 변형이 가능합니다.

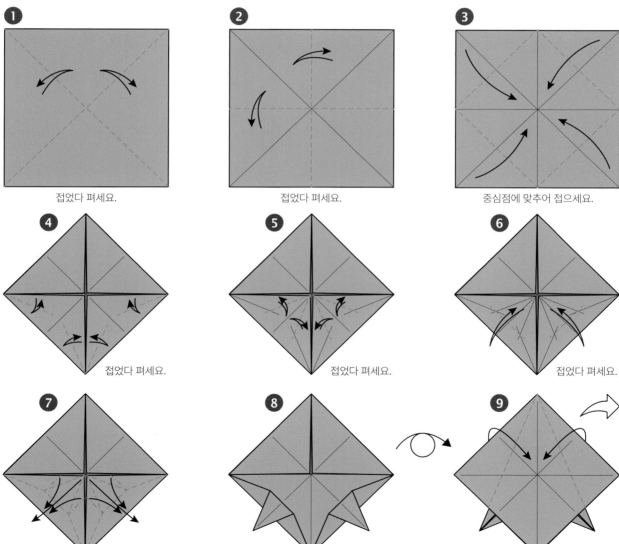

① 접었다 펴세요.

② 접었다 펴세요.

③ 중심점에 맞추어 접으세요.

④ 접었다 펴세요.

⑤ 접었다 펴세요.

⑥ 접었다 펴세요.

⑦ 모아 접어 내리세요.

⑧

⑨ 뒷면을 펴면서 중심선에 맞추어 접으세요.

63

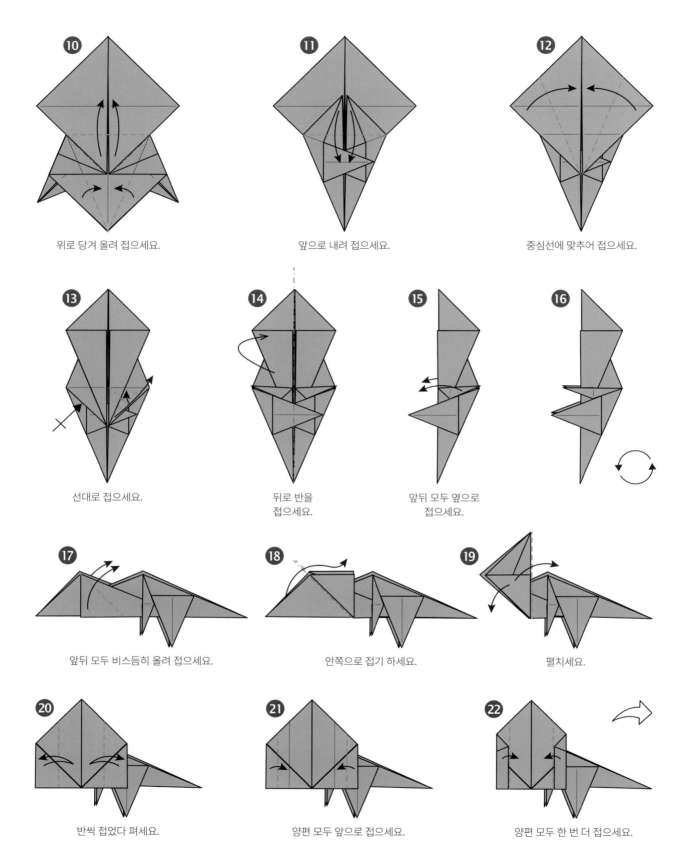

⑩ 위로 당겨 올려 접으세요.

⑪ 앞으로 내려 접으세요.

⑫ 중심선에 맞추어 접으세요.

⑬ 선대로 접으세요.

⑭ 뒤로 반을 접으세요.

⑮ 앞뒤 모두 옆으로 접으세요.

⑯

⑰ 앞뒤 모두 비스듬히 올려 접으세요.

⑱ 안쪽으로 접기 하세요.

⑲ 펼치세요.

⑳ 반씩 접었다 펴세요.

㉑ 양편 모두 앞으로 접으세요.

㉒ 양편 모두 한 번 더 접으세요.

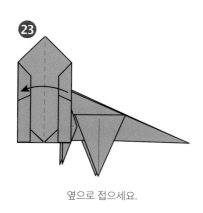

옆으로 접으세요.

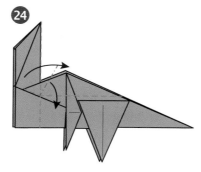

등 부분을 앞으로 당겨 내리며 접으세요.

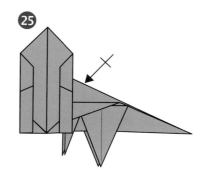

뒤쪽도 같은 방법으로 접으세요.

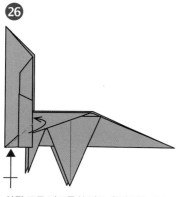

앞뒤 모두 비스듬히 뒤로 올려 접으세요.

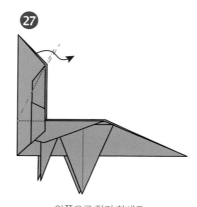

안쪽으로 접기 하세요.

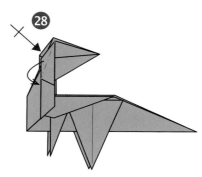

앞뒤 모두 뒤로 접으세요.

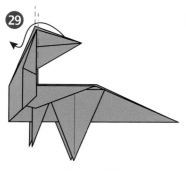

안쪽으로 접기 하세요.

안쪽으로 접기 하세요.

앞뒤 모두 앞으로 내려 접으세요.

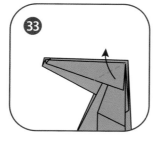

앞뒤 모두 비스듬히 접으세요.

앞뒤 모두 펼쳐 당겨 끄집어 내세요.

머리 완성

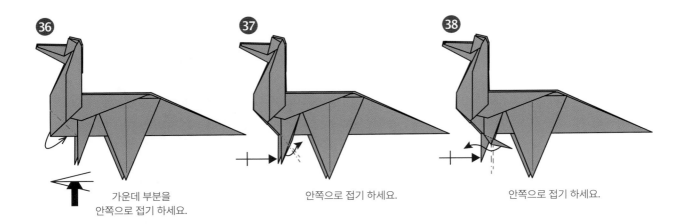

36 가운데 부분을
안쪽으로 접기 하세요.

37 안쪽으로 접기 하세요.

38 안쪽으로 접기 하세요.

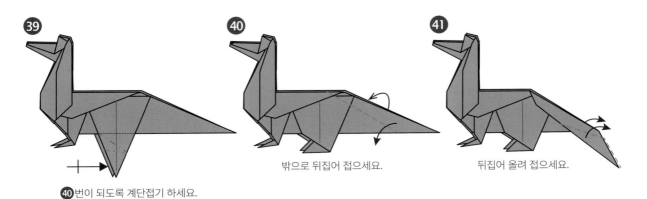

39 ㊵번이 되도록 계단접기 하세요.

40 밖으로 뒤집어 접으세요.

41 뒤집어 올려 접으세요.

42 목, 등, 배를 다듬으세요.

완성

족제비 전개도

눈을 표현하기
해달

Sea Otter

종이 | 《다물 클래식-매트》 30㎝

한 장 종이접기로 눈 뿐만 아니라
다리와 꼬리까지 표현된 귀여운 해달입니다.
❹❼~❺⓿번까지 난이도가 있는 부분으로 차분히 접어보세요.

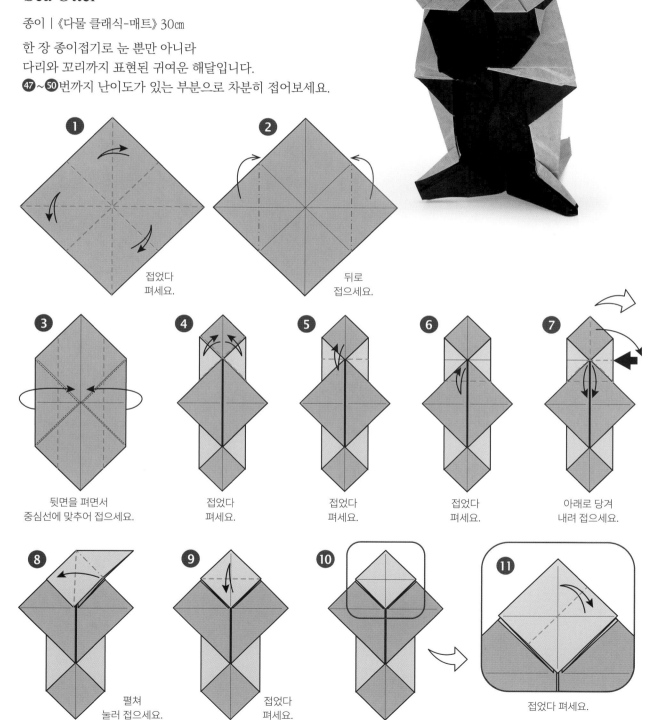

① 접었다
펴세요.

② 뒤로
접으세요.

③ 뒷면을 펴면서
중심선에 맞추어 접으세요.

④ 접었다
펴세요.

⑤ 접었다
펴세요.

⑥ 접었다
펴세요.

⑦ 아래로 당겨
내려 접으세요.

⑧ 펼쳐
눌러 접으세요.

⑨ 접었다
펴세요.

⑩

⑪ 접었다 펴세요.

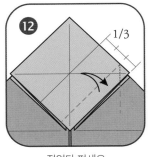

접었다 펴세요.

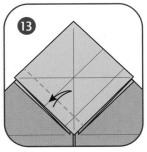

접었다 펴세요.

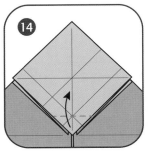

위로 올려 접으세요.

뒤로 접으세요.

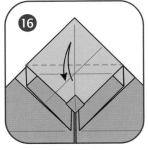

접었다 펴세요.

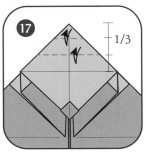

접었다 펴세요.

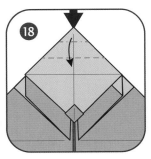

윗부분을 눌러 주면서
선대로 접으세요.

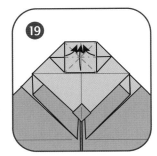

위로 모아 올려 접으세요.

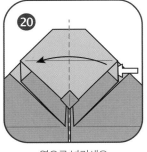

옆으로 넘기세요.

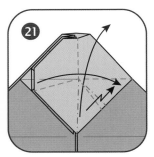

위로 올려 접으며 덮으세요.

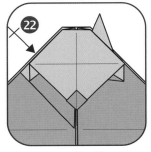

반대편도 ⓴~㉑번과
같은 방법으로 접으세요.

아래로 내려 접으세요.

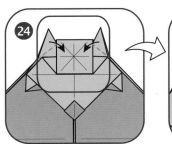

아래로 내려 접으세요.

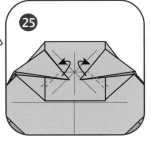

끝부분을 뒤집어 접으세요.

밖으로 접으세요.

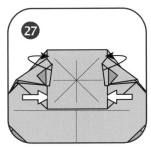

안쪽에 넣으세요.

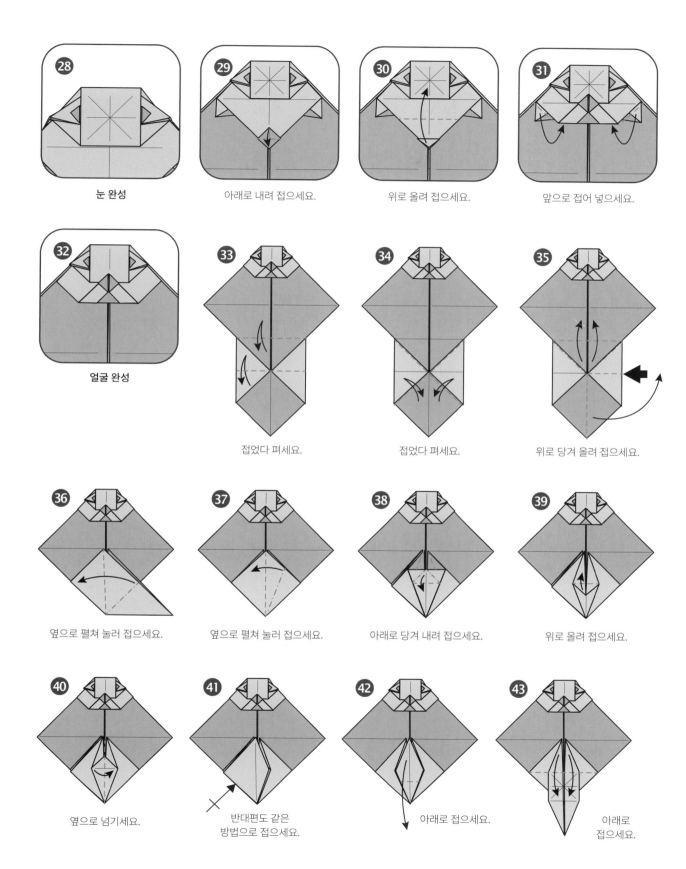

28 눈 완성

29 아래로 내려 접으세요.

30 위로 올려 접으세요.

31 앞으로 접어 넣으세요.

32 얼굴 완성

33 접었다 펴세요.

34 접었다 펴세요.

35 위로 당겨 올려 접으세요.

36 옆으로 펼쳐 눌러 접으세요.

37 옆으로 펼쳐 눌러 접으세요.

38 아래로 당겨 내려 접으세요.

39 위로 올려 접으세요.

40 옆으로 넘기세요.

41 반대편도 같은 방법으로 접으세요.

42 아래로 접으세요.

43 아래로 접으세요.

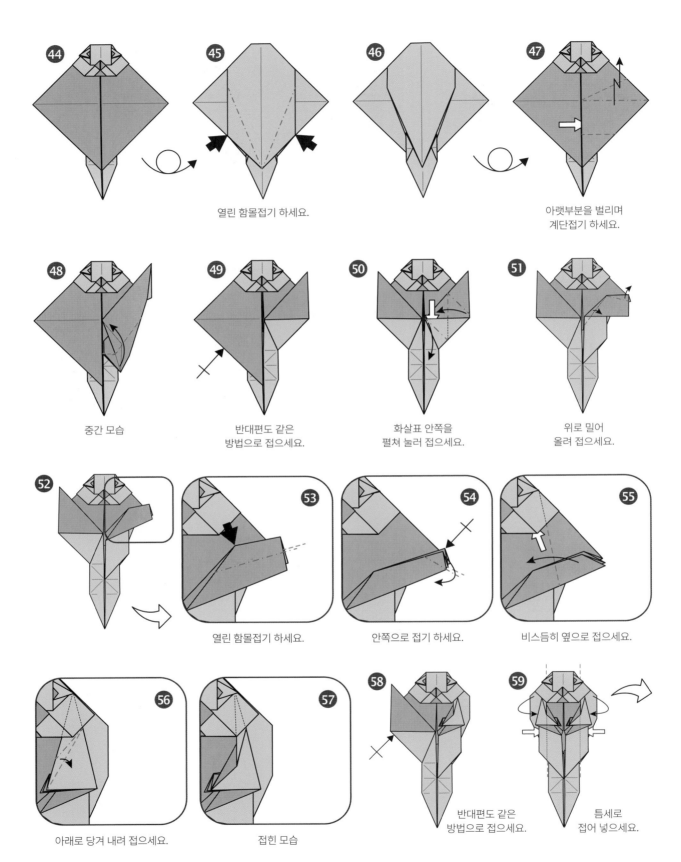

44

45 열린 함몰접기 하세요.

46

47 아랫부분을 벌리며
계단접기 하세요.

48 중간 모습

49 반대편도 같은
방법으로 접으세요.

50 화살표 안쪽을
펼쳐 눌러 접으세요.

51 위로 밀어
올려 접으세요.

52

53 열린 함몰접기 하세요.

54 안쪽으로 접기 하세요.

55 비스듬히 옆으로 접으세요.

56 아래로 당겨 내려 접으세요.

57 접힌 모습

58 반대편도 같은
방법으로 접으세요.

59 틈세로
접어 넣으세요.

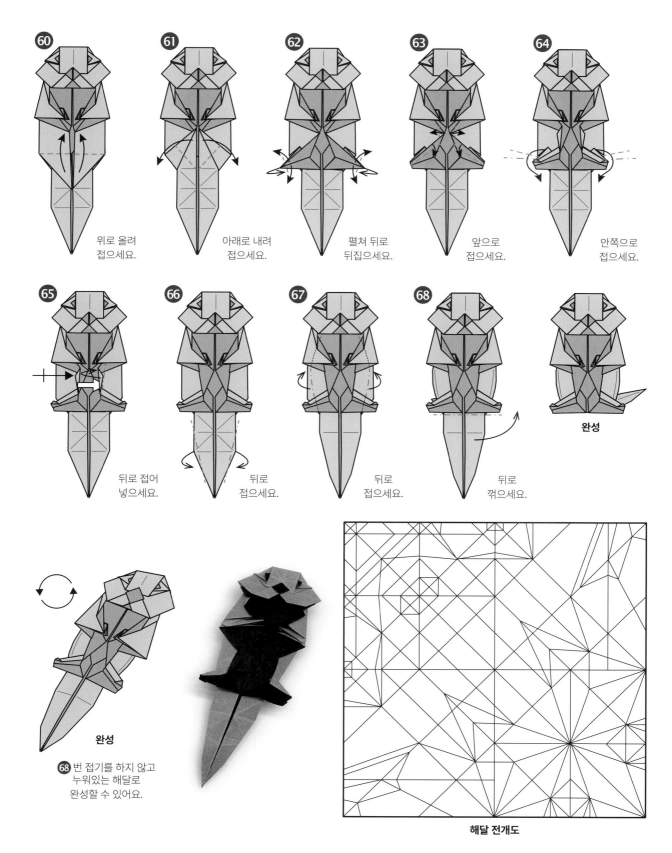

60 위로 올려 접으세요.

61 아래로 내려 접으세요.

62 펼쳐 뒤로 뒤집으세요.

63 앞으로 접으세요.

64 안쪽으로 접으세요.

65 뒤로 접어 넣으세요.

66 뒤로 접으세요.

67 뒤로 접으세요.

68 뒤로 꺾으세요.

완성

완성

68번 접기를 하지 않고 누워있는 해달로 완성할 수 있어요.

해달 전개도

눈을 표현하기

앞을 바라보는 펭귄

Penguins looking forward

종이 | 《단면 색종이》 20㎝, 검정

동물접기의 특징 중 하나는 동물의 얼굴 모양을 표현하는 것이고
그중 가장 특징을 보이는 부분은 눈의 표현입니다.
특히 귀여운 동물의 경우 눈을 표현함으로써
그 표정이 극대화됩니다.

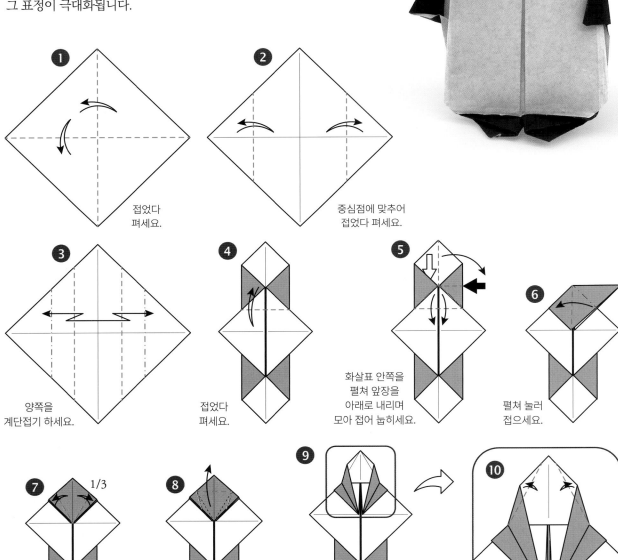

① 접었다
펴세요.

② 중심점에 맞추어
접었다 펴세요.

③ 양쪽을
계단접기 하세요.

④ 접었다
펴세요.

⑤ 화살표 안쪽을
펼쳐 앞장을
아래로 내리며
모아 접어 눕히세요.

⑥ 펼쳐 눌러
접으세요.

⑦ 1/3
1/3정도
접었다 펴세요.

⑧ 위로 당겨 올려
접으세요.

⑨

⑩ 접었다 펴세요.

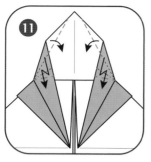

계단접기하며 가운데로 모아
접으세요.

밖으로 뒤집어 접으세요.

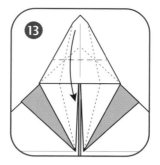

앞으로 내려 접으세요.

앞으로 내려 접어
틈새에 끼우세요.

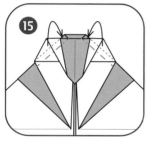

뒤로 접어 넣으세요.

뒤로 접으세요.

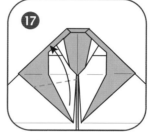

앞으로 올려 접으세요.

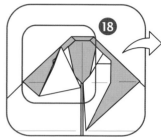

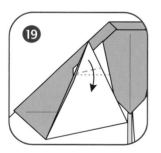

앞으로 내려 접으세요

뒤쪽 부분으로 끼워 넣으세요.

펼쳐 눌러 접으세요.

옆으로 접으세요.

17-22

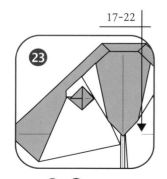

⑰ ~ ㉒번과 같은
방법으로 접으세요

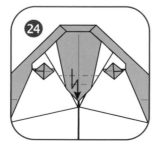

계단접기 하세요.

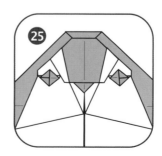

얼굴 모습 완성

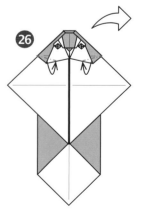

뒤로 접어 넣으세요.

73

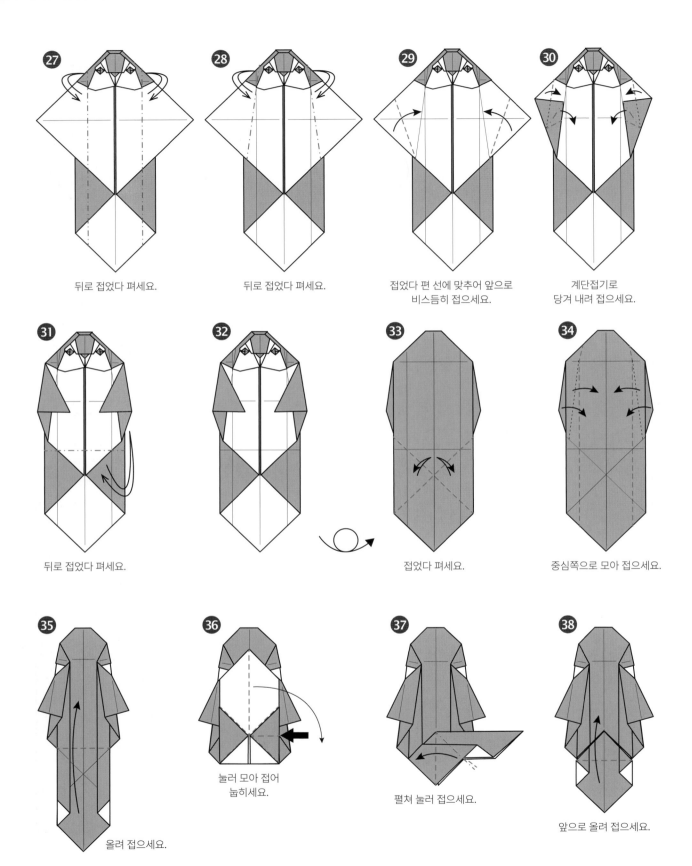

27 뒤로 접었다 펴세요.

28 뒤로 접었다 펴세요.

29 접었다 편 선에 맞추어 앞으로 비스듬히 접으세요.

30 계단접기로 당겨 내려 접으세요.

31 뒤로 접었다 펴세요.

32 접었다 펴세요.

33 접었다 펴세요.

34 중심쪽으로 모아 접으세요.

35 올려 접으세요.

36 눌러 모아 접어 눕히세요.

37 펼쳐 눌러 접으세요.

38 앞으로 올려 접으세요.

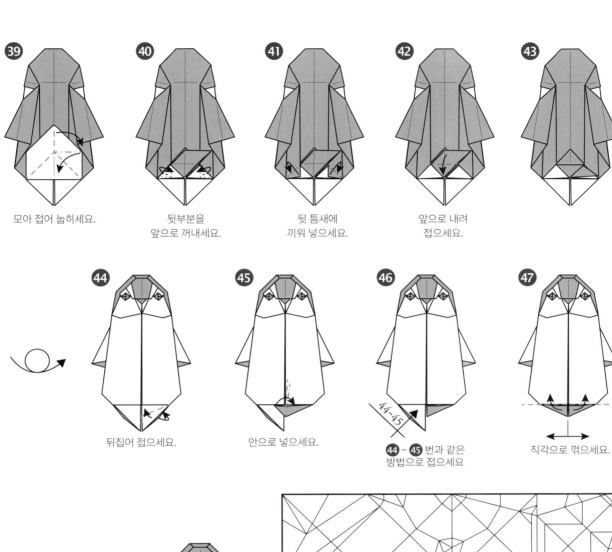

39 모아 접어 눕히세요.

40 뒷부분을 앞으로 꺼내세요.

41 뒷 틈새에 끼워 넣으세요.

42 앞으로 내려 접으세요.

43

44 뒤집어 접으세요.

45 안으로 넣으세요.

46 **44** ~ **45** 번과 같은 방법으로 접으세요

47 직각으로 꺾으세요.

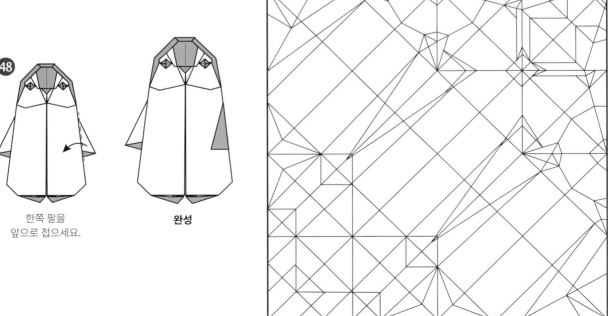

48 한쪽 팔을 앞으로 접으세요.

완성

앞을 바라보는 펭귄 전개도

눈을 표현하기

옆을 바라보는 펭귄

Penguins looking to the side

종이 | 《단면 색종이》 20㎝, 검정

뒤뚱뒤뚱 걸어갈 것 같은 펭귄 옆모습입니다.
매우 기본적인 구조를 응용하여
형태적 특징을 살렸습니다.

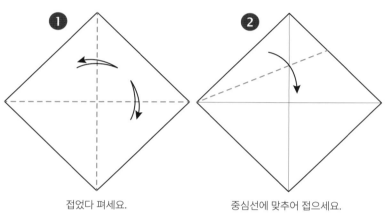

접었다 펴세요.

중심선에 맞추어 접으세요.

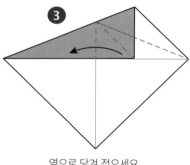

옆으로 당겨 접으세요.

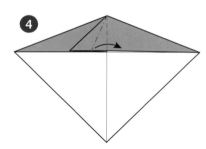

펼쳐 눌러 접으세요.

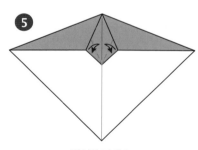

접었다 펴세요.

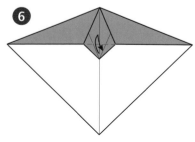

접었다 펴세요.

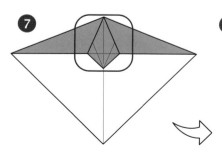

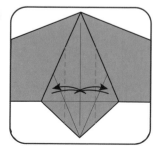

접었다 펴세요.

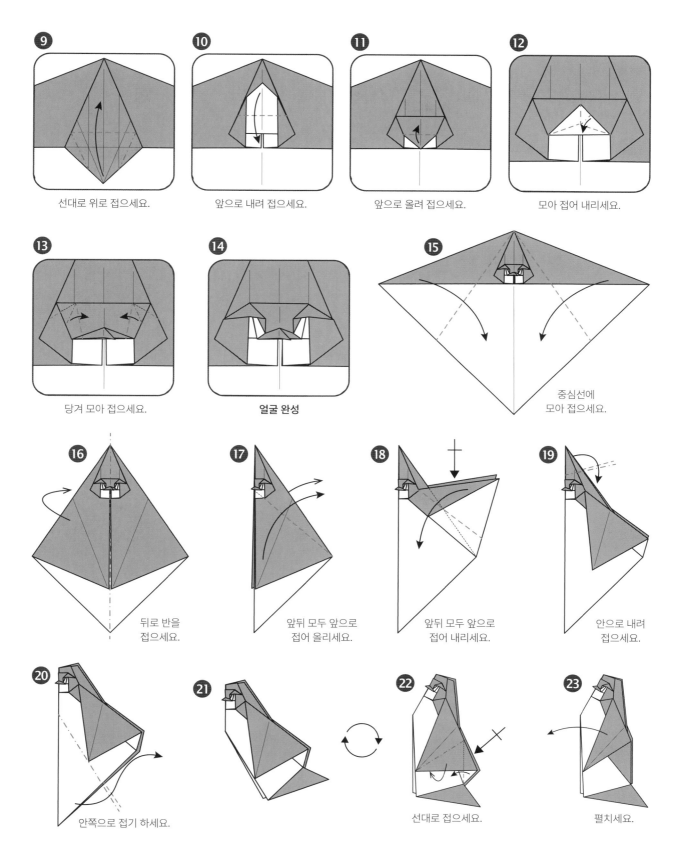

9 선대로 위로 접으세요.

10 앞으로 내려 접으세요.

11 앞으로 올려 접으세요.

12 모아 접어 내리세요.

13 당겨 모아 접으세요.

14 얼굴 완성

15 중심선에 모아 접으세요.

16 뒤로 반을 접으세요.

17 앞뒤 모두 앞으로 접어 올리세요.

18 앞뒤 모두 앞으로 접어 내리세요.

19 안으로 내려 접으세요.

20 안쪽으로 접기 하세요.

21

22 선대로 접으세요.

23 펼치세요.

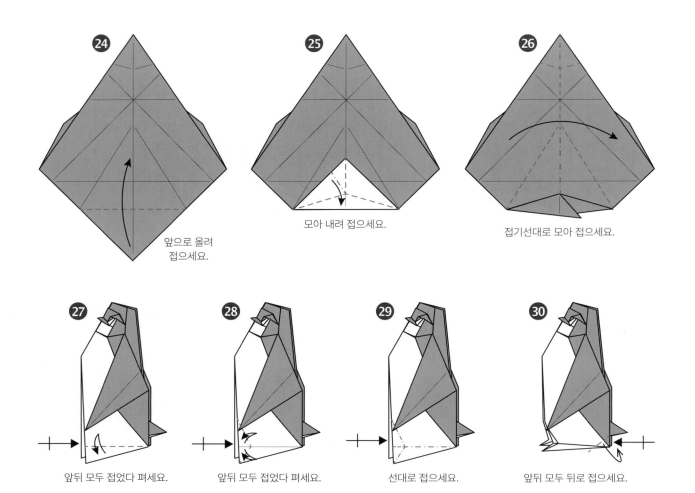

㉔ 앞으로 올려
접으세요.

㉕ 모아 내려 접으세요.

㉖ 접기선대로 모아 접으세요.

㉗ 앞뒤 모두 접었다 펴세요.

㉘ 앞뒤 모두 접었다 펴세요.

㉙ 선대로 접으세요.

㉚ 앞뒤 모두 뒤로 접으세요.

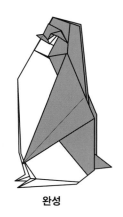

완성

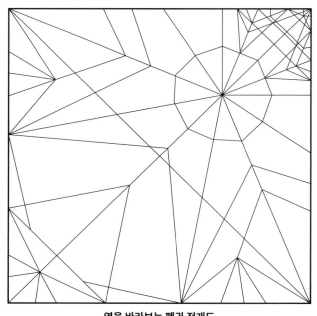

옆을 바라보는 펭귄 전개도

눈을 표현하기

하프물범

✿ 심사작품

Harp Seal

종이 |《단면 색종이》20㎝, 검정

이목구비를 정확하게 표현하기 위해
초점을 맞춘 작품입니다.
색종이의 흰 면을 바닥에 두고 시작하세요.
비율과 각도에 따라 귀여움 정도가 달라집니다.
여러 번 연습하여 자신만의 특징을 살려봅시다.

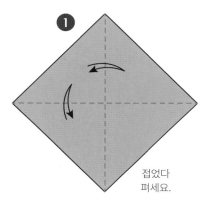

접었다
펴세요.

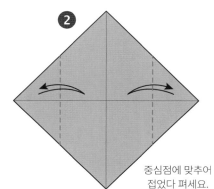

중심점에 맞추어
접었다 펴세요.

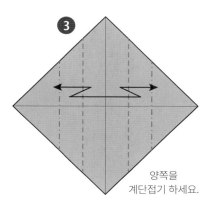

양쪽을
계단접기 하세요.

중심선으로
모아 접으세요.

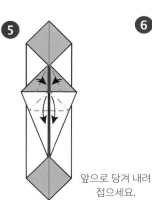

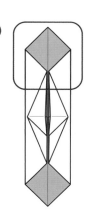

앞으로 당겨 내려
접으세요.

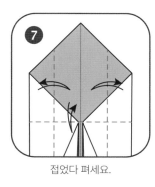

접었다 펴세요.

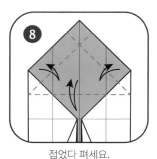

접었다 펴세요.

앞으로 내려 접으세요.

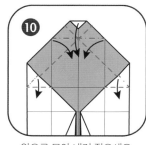

앞으로 모아 내려 접으세요.

뒤로 접으세요.

79

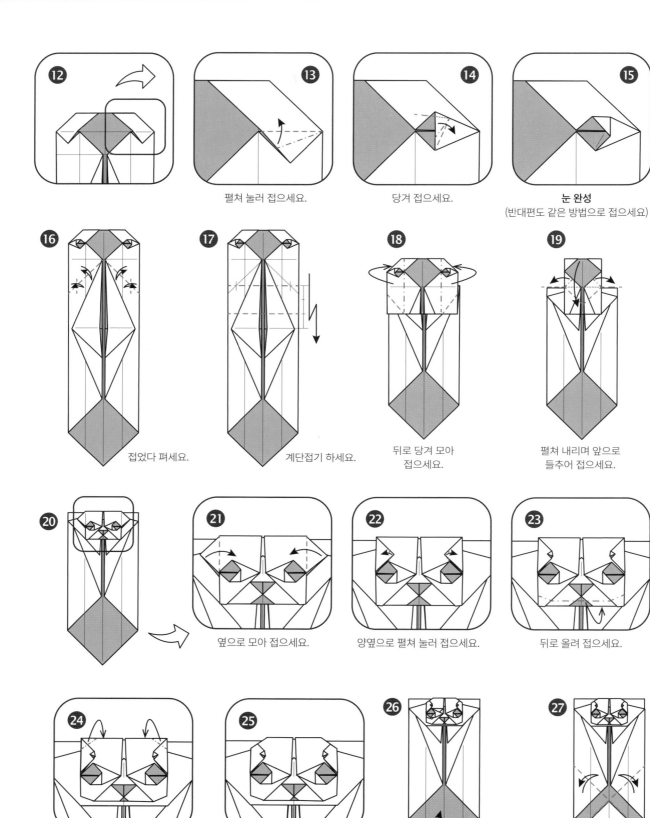

⑫

⑬ 펼쳐 눌러 접으세요.

⑭ 당겨 접으세요.

⑮ **눈 완성**
(반대편도 같은 방법으로 접으세요)

⑯ 접었다 펴세요.

⑰ 계단접기 하세요.

⑱ 뒤로 당겨 모아
접으세요.

⑲ 펼쳐 내리며 앞으로
들추어 접으세요.

⑳

㉑ 옆으로 모아 접으세요.

㉒ 양옆으로 펼쳐 눌러 접으세요.

㉓ 뒤로 올려 접으세요.

㉔ 뒤로 접어 내리세요.

㉕ **얼굴 완성**

㉖ 앞으로 올려
접으세요.

㉗ 접었다 펴세요.

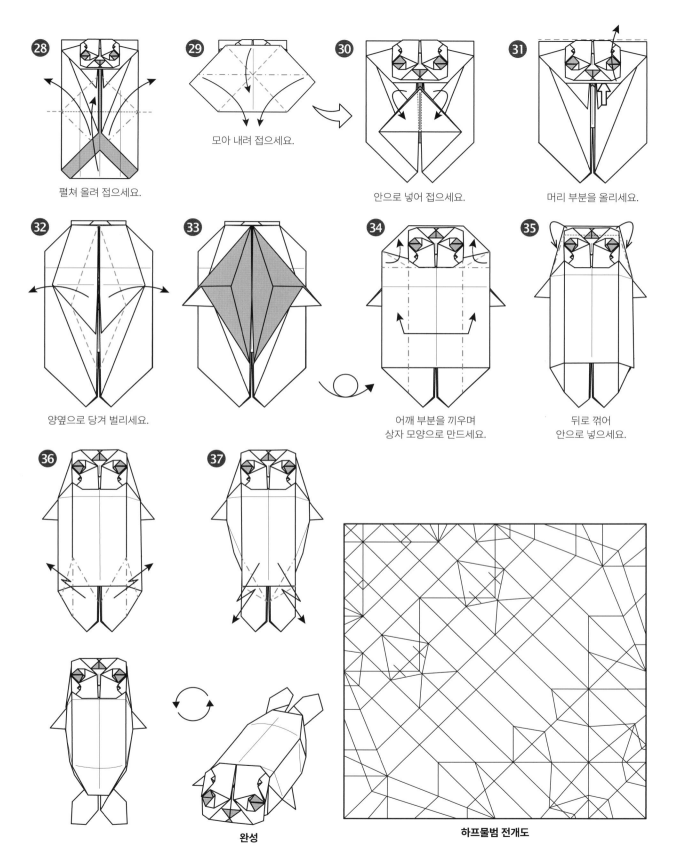

28
펼쳐 올려 접으세요.

29
모아 내려 접으세요.

30
안으로 넣어 접으세요.

31
머리 부분을 올리세요.

32
양옆으로 당겨 벌리세요.

33

34
어깨 부분을 끼우며
상자 모양으로 만드세요.

35
뒤로 꺾어
안으로 넣으세요.

36

37

완성

하프물범 전개도

로널드 코의
동물 종이접기

싱가포르의 종이접기 예술작가
로널드 코(Ronald Ko)

어느 분야나 그 분야를 대표하고 선도하는 사람들이 있습니다. 우리는 이런 이들을 마에스트로라고 부르곤 합니다. 하지만 가만히 생각해 보면 대표성과 활동성만으로 마에스트로를 정의하는 것은 뭔가 부족합니다. 저는 동양인이기에 서양의 마에스트로라는 개념과 내가 생각하는 마에스트로의 개념은 좀 다르게 다가옵니다.

마에스트로의 요건이라는 것을 언급하는 것은 어불성설이기는 하지만 진정 이 칭호는 아주 자연스럽게 존경심에 의해 불리어져야 하는 것임을 알고 있습니다. 하지만 작금의 종이접기 세계에서는 오로지 대단한 작품 몇 점으로 마에스트로라 불리는 경향이 있어 이와는 구분되어야 할 듯합니다. 차라리 이들에게는 마에스트로라는 호칭보다는 최고(수준의) 작가라 불리는 것이 타당할 듯싶습니다.

이 글을 준비하며 현존하는 작가 중 마에스트로라는 호칭이 가장 어울리는 작가가 누구일까? 하는 자문을 해보았고 주저 없이 한 사람, 로널드 코(싱가포르)가 떠올랐습니다. 저 역시 종이접기에 오랜 시간 열정을 가지고 지내왔지만, 그에 비하면 조족지혈이라 할까요?
그를 알게 된 것은 아마도 그가 금붕어접기 원고를 거의

갈무리할 시점으로 거의 25여 년 전쯤이 아닐까 싶습니다. 인터넷으로 본 그의 작품에 매료되어 그에게 메일을 통해 연락하였고 그는 선뜻 집필 중이던 도면을 보내주었습니다. 그때 경험해 보았던 그의 작품으로 인해 저는 또 다른 차원의 종이접기를 경험할 수 있었고 종이접기 인생에 커다란 영감을 준 사건이었습니다.
이렇듯 그는 집필 중이던 원고를 선뜻 내어줄 정도로 넓은 이해심과 배려심의 소유자이며 또한 몇 년 전 종이나라에서 보내준 색종이로 자신의 나비 시리즈를 곱게 접어 보내주는 친절함을 갖춘 성품임을 추측해 봅니다.
이러한 그는 분명 세계의 많은 종이접기인들에게 사랑과 존경을 받고 있음이 분명합니다. 몇 년 전에 그의 생일을 맞아 세계 종이접기인들의 축하 메시지를 그의 절친인 Ng Boon Choon(黃文駿)의 기획으로 서프라이즈 동영상을 유튜브에 올리는 일이 있었는데 세계 유명 종이접기인들의 적극적인 참여는 그는 물론 모두에게 의미 있는 일로 기억에 남았습니다. 그는 좋은 성품과 종이접기 능력만큼 좋은 친구를 가진 사람인 것 같습니다.

그의 작품 세계를 보면 그는 자연과 동물을 사랑하는 이로서 동물은 주된 그 작품의 소재이며 종이접기를 통해 환경의 중요함을 일깨우려 노력합니다. 대체로 중급

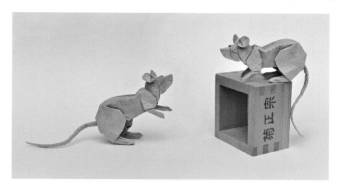

난이도지만 매우 높은 형태적 완성도를 보이는 능력은 가히 압권입니다. 그만큼 그는 치밀함과 인내심을 두루 갖추었습니다.

그는 오랫동안 왕성한 작품 활동을 해왔으나 10년 전 뇌 손상으로 어려운 시간을 보내야만 했습니다. 하지만 최근 몇 년간의 활동을 보면 그는 이를 극복했음이 분명합니다. 아니 더욱 작품이 깊어졌다는 표현이 어울릴 것입니다. 일례로 몇 년 전 발표된 토끼 작품과 함께 찍은 사진은 종이접기 표현의 극치라 할 것입니다. 한동안 그의 사진, 따라하기가 유행했었으니 말입니다.

그는 인터뷰를 통해 종이접기란 단순한 시간 보내기 작업이 아닌 다른 언어, 문화, 인종, 신념 그리고 사회적 차이를 극복할 수 있는 유용한 수단이며 과학, 수학, 의학적 치료와 관련에 주목하며 특별히 인내심에 대한 언급하였습니다. 종이접기 작가는 말로써 평가받는 것이 아닌 작품으로 평가되어야 한다는 당연함에 마에스트로인 그 역시 순응하는 듯하여 그의 책이 기대됩니다.

우리의 세대는 결코 디지털 세대라기 보다는 아날로그에 가까운 세대임을 부인할 수 없습니다. 그러기에 우리는 유튜브나 SNS에도 그리 익숙하지 않습니다. 세상은 너무도 빠르고 복잡해지고 있습니다. 이런 세상을 살며 마에스트로란 개념이 무슨 소용이냐고 반문할 수도 있겠지만 종이접기를 디지털적 속성만으로는 설명할 수 없기에 그리고 결코 스마트폰으로 종이를 접을 수 없기에, 우리는 마에스트로를 원하는 것이고 그 마에스트로에게 맞는 사람이 바로 로널드 코인 것입니다.

그의 왕성한 활동과 깊이 있는 작품의 시대와 함께할 수 있었다는 사실만으로도 저에게는 커다란 기쁨이기에 좀 더 오랜 시간 마스터 로널드 코의 활동을 지켜보면 좋겠습니다.

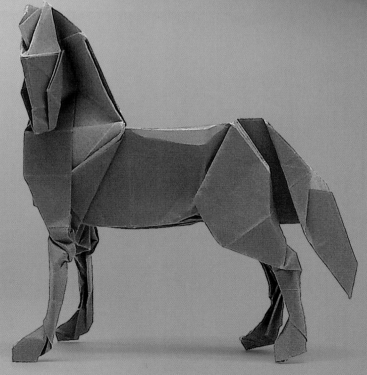

4

비율의 변화

격자접기 기법(박스플릿)을 활용하여
종이접기의 구조를 확대해 봅시다.

격자접기

8등분으로 접은 말

A horse folded into eight equal parts

종이 | 《다물 클래식-매트》 45㎝

격자접기 비율을 높일수록 긴 다리를 만들 수 있으며
좀 더 세밀한 부분을 표현할 수 있습니다. 하지만 종이접기에
있어 세밀한 부분을 표현하는 것이 좋은 작품을 만들어
낸다는 것은 오해입니다. 작품에 맞추어 적절한 비율로
최선의 작품을 접어내는데 주력해 보세요.

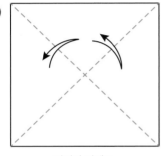

접었다 펴세요.

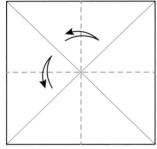

접었다 펴세요.

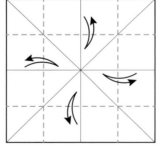

중심선에 맞추어 접었다 펴세요.

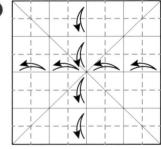

접었다 펴세요.

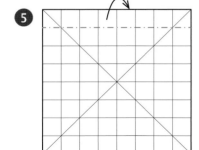

뒤로 접으세요.

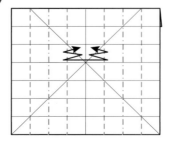

양쪽을 연속 계단접기 하세요.

당겨 올려 접으세요.

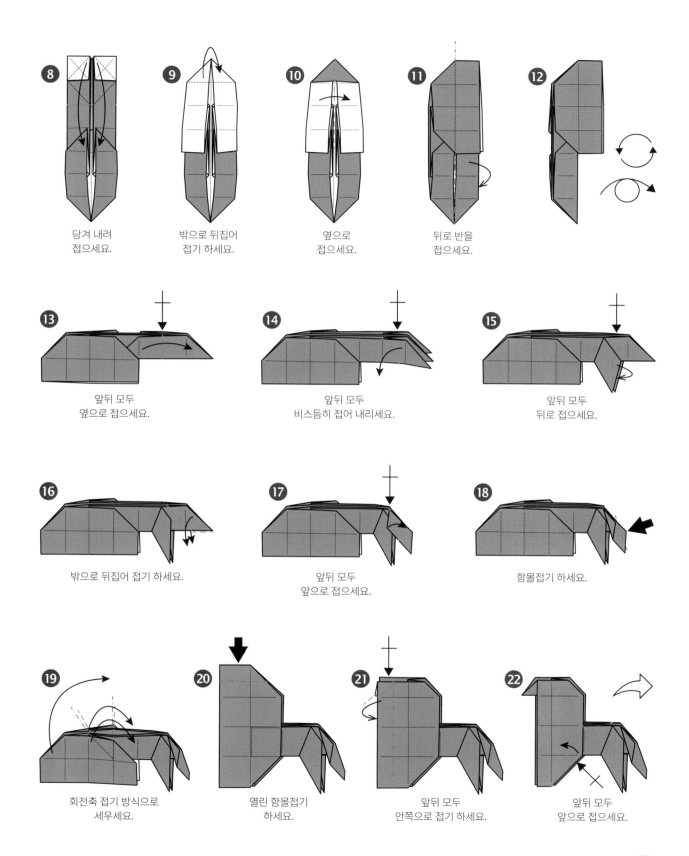

8 당겨 내려
접으세요.

9 밖으로 뒤집어
접기 하세요.

10 옆으로
접으세요.

11 뒤로 반을
접으세요.

12

13 앞뒤 모두
옆으로 접으세요.

14 앞뒤 모두
비스듬히 접어 내리세요.

15 앞뒤 모두
뒤로 접으세요.

16 밖으로 뒤집어 접기 하세요.

17 앞뒤 모두
앞으로 접으세요.

18 함몰접기 하세요.

19 회전축 접기 방식으로
세우세요.

20 열린 함몰접기
하세요.

21 앞뒤 모두
안쪽으로 접기 하세요.

22 앞뒤 모두
앞으로 접으세요.

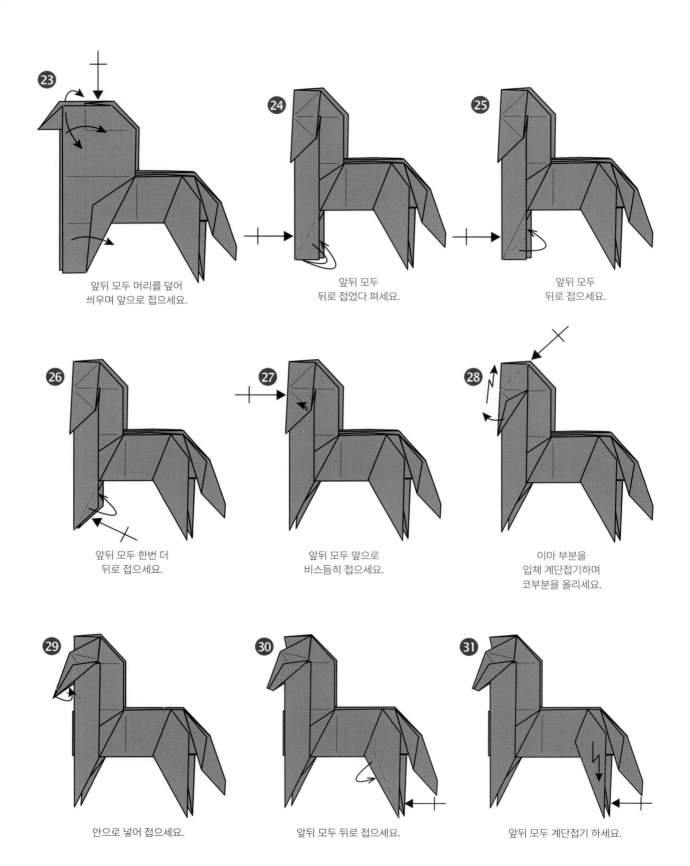

23 앞뒤 모두 머리를 덮어
씌우며 앞으로 접으세요.

24 앞뒤 모두
뒤로 접었다 펴세요.

25 앞뒤 모두
뒤로 접으세요.

26 앞뒤 모두 한번 더
뒤로 접으세요.

27 앞뒤 모두 앞으로
비스듬히 접으세요.

28 이마 부분을
입체 계단접기하며
코부분을 올리세요.

29 안으로 넣어 접으세요.

30 앞뒤 모두 뒤로 접으세요.

31 앞뒤 모두 계단접기 하세요.

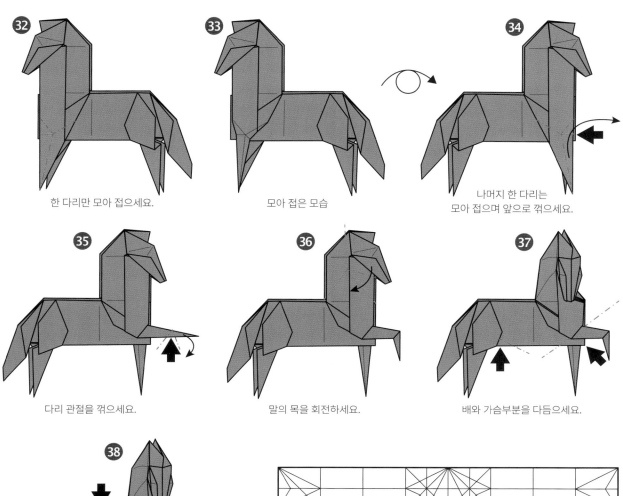

한 다리만 모아 접으세요.

모아 접은 모습

나머지 한 다리는
모아 접으며 앞으로 꺾으세요.

다리 관절을 꺾으세요.

말의 목을 회전하세요.

배와 가슴부분을 다듬으세요.

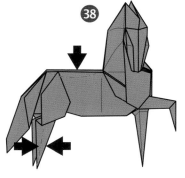

등과 다리를 다듬으세요.

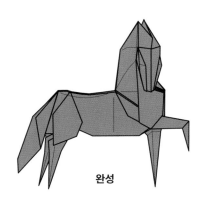

완성

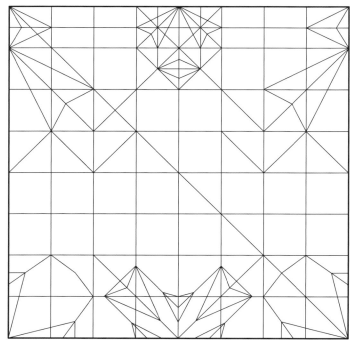

8등분으로 접은 말 전개도

⚛ 심사작품

10등분으로 접은 말

A horse folded into ten equal parts

종이 | 《다물 클래식-매트》 45㎝

8등분에 비하여 10등분으로 접었을 경우
어떠한 장단점이 있는지 비교해 보시길 바랍니다.
등분을 촘촘히하여 긴 다리를 얻고
말발굽을 얻을 기회를 잘 활용해 보길 바랍니다.

❶
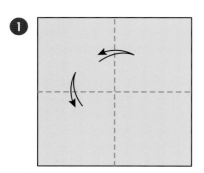
접었다 펴세요.

❷
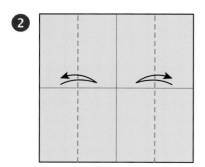
중심선에 맞추어 접었다 펴세요.

❸
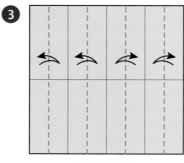
접었다 펴세요.

❹
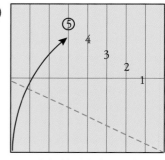
5번에 맞추어 올려 접으세요.

❺
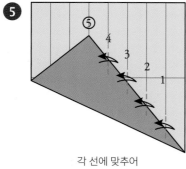
각 선에 맞추어
접었다 펴서
표시하세요.

❻
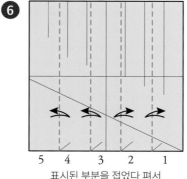
표시된 부분을 접었다 펴서
5등분 선을 만드세요.

❼
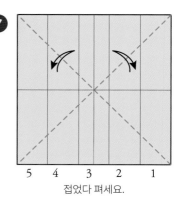
접었다 펴세요.

90

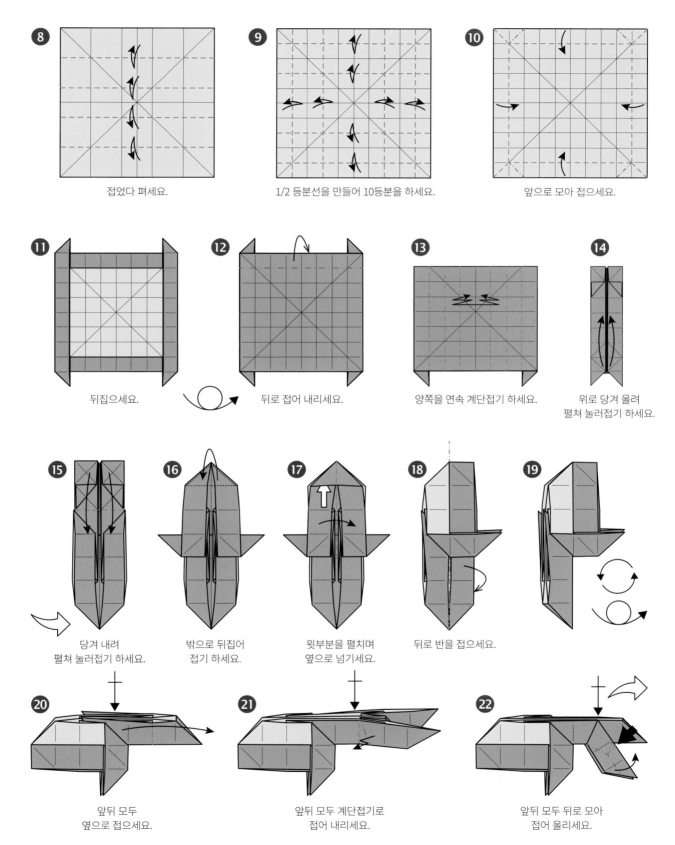

8 접었다 펴세요.

9 1/2 등분선을 만들어 10등분을 하세요.

10 앞으로 모아 접으세요.

11 뒤집으세요.

12 뒤로 접어 내리세요.

13 양쪽을 연속 계단접기 하세요.

14 위로 당겨 올려 펼쳐 눌러접기 하세요.

15 당겨 내려 펼쳐 눌러접기 하세요.

16 밖으로 뒤집어 접기 하세요.

17 윗부분을 펼치며 옆으로 넘기세요.

18 뒤로 반을 접으세요.

19

20 앞뒤 모두 옆으로 접으세요.

21 앞뒤 모두 계단접기로 접어 내리세요.

22 앞뒤 모두 뒤로 모아 접어 올리세요.

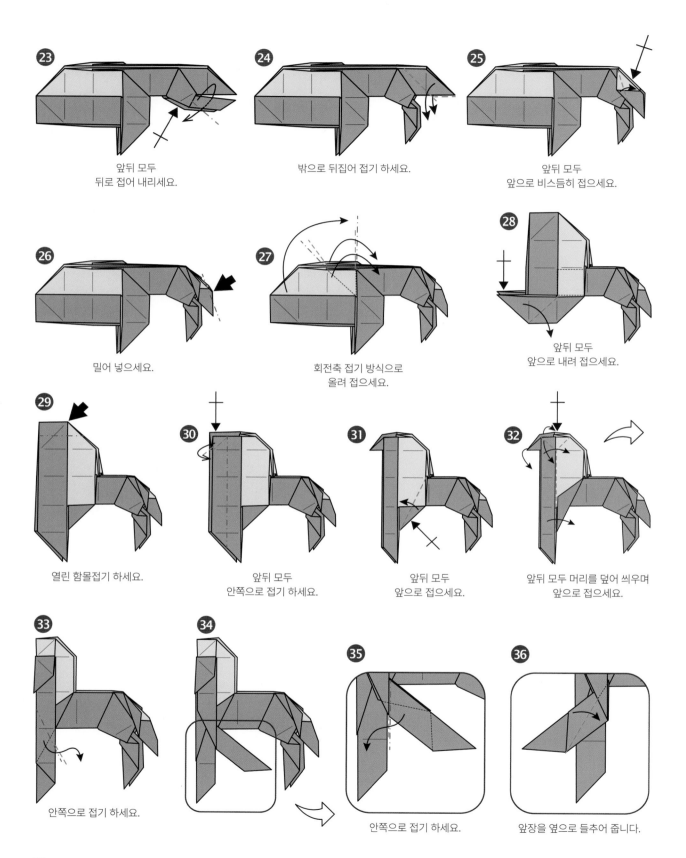

23 앞뒤 모두
뒤로 접어 내리세요.

24 밖으로 뒤집어 접기 하세요.

25 앞뒤 모두
앞으로 비스듬히 접으세요.

26 밀어 넣으세요.

27 회전축 접기 방식으로
올려 접으세요.

28 앞뒤 모두
앞으로 내려 접으세요.

29 열린 함몰접기 하세요.

30 앞뒤 모두
안쪽으로 접기 하세요.

31 앞뒤 모두
앞으로 접으세요.

32 앞뒤 모두 머리를 덮어 씌우며
앞으로 접으세요.

33 안쪽으로 접기 하세요.

34

35 안쪽으로 접기 하세요.

36 앞장을 옆으로 들추어 줍니다.

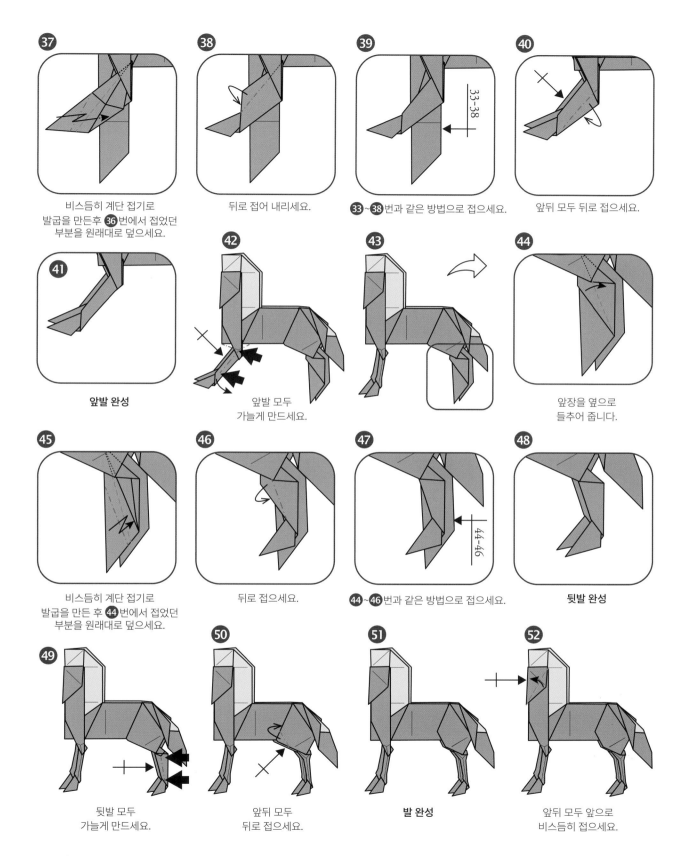

37
비스듬히 계단 접기로
발굽을 만든후 **36**번에서 접었던
부분을 원래대로 덮으세요.

38
뒤로 접어 내리세요.

39
33~**38**번과 같은 방법으로 접으세요.

40
앞뒤 모두 뒤로 접으세요.

41
앞발 완성

42
앞발 모두
가늘게 만드세요.

43

44
앞장을 옆으로
들추어 줍니다.

45
비스듬히 계단 접기로
발굽을 만든 후 **44**번에서 접었던
부분을 원래대로 덮으세요.

46
뒤로 접으세요.

47
44~**46**번과 같은 방법으로 접으세요.

48
뒷발 완성

49
뒷발 모두
가늘게 만드세요.

50
앞뒤 모두
뒤로 접으세요.

51
발 완성

52
앞뒤 모두 앞으로
비스듬히 접으세요.

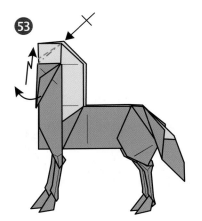

53

앞뒤 모두 이마 부분을
입체 계단접기하며 코끝을 올리세요

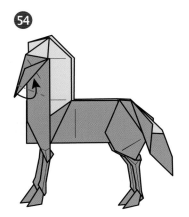

54

안으로 접으세요.

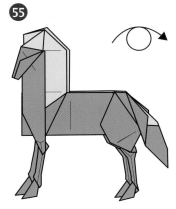

55

접은 모습

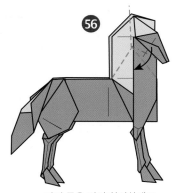

56

말의 목을 꺾어 회전하세요.

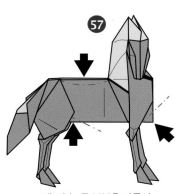

57

배, 가슴, 등 부분을 다듬어
입체로 만드세요.

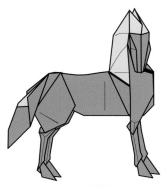

완성

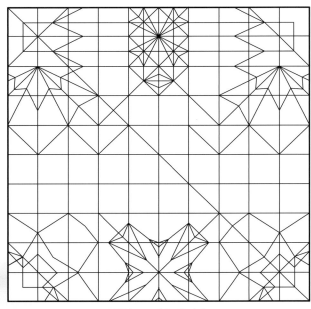

10등분으로 접은 말 전개도

격자접기

낚시배

Fishing boat

종이 |《유제지(수제 종이)》45㎝

5등분 방법(❶~❺)을 알아보고, 그리드를 통한
종이의 배분을 익혀 봅니다. 5등분 후 1칸의
그리드를 통하여 배의 기다란 포스트를 만들어 봅니다.

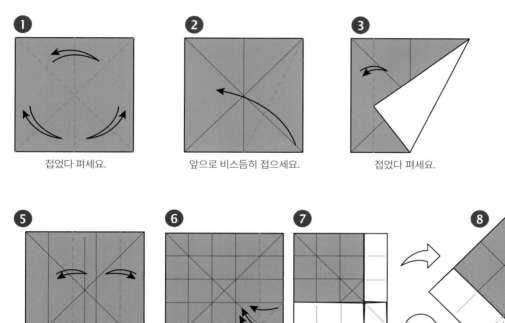

❶ 접었다 펴세요.

❷ 앞으로 비스듬히 접으세요.

❸ 접었다 펴세요.

❹ 접었다 펴세요.

❺ 접었다 펴세요.
가로도 같은 방법으로 접으세요.

❻ 선대로 모아
접으세요.

❼ 1개의 그리드를
만든 상태입니다.

❽ 앞으로 모아
올려 접으세요.

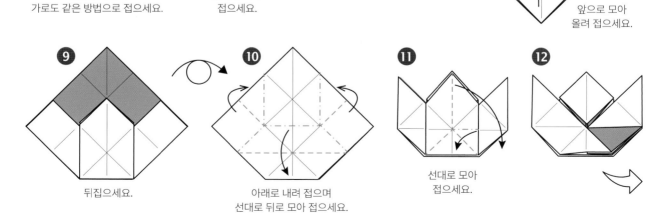

❾ 뒤집으세요.

❿ 아래로 내려 접으며
선대로 뒤로 모아 접으세요.

⓫ 선대로 모아
접으세요.

⓬

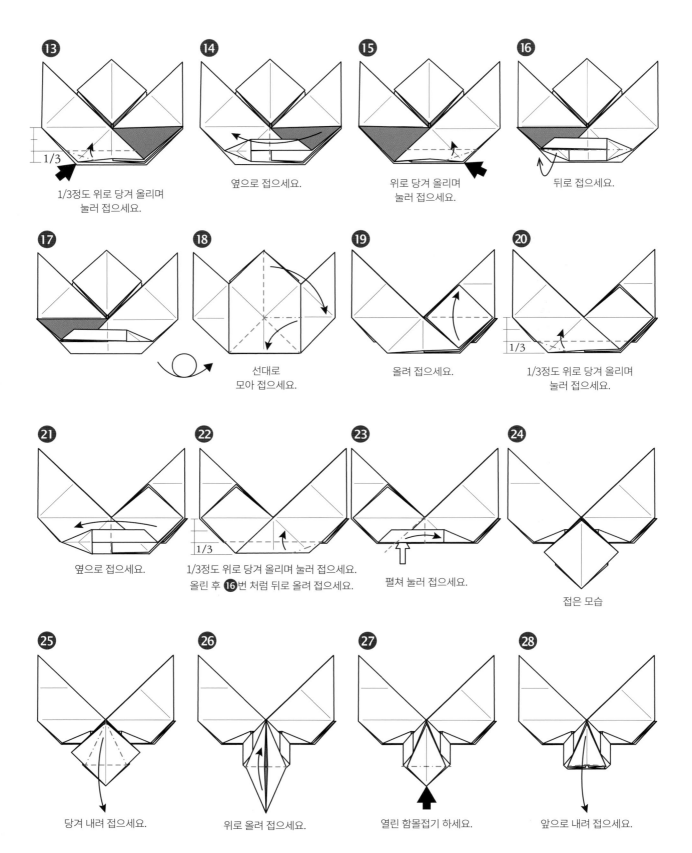

13 1/3
1/3정도 위로 당겨 올리며
눌러 접으세요.

14
옆으로 접으세요.

15
위로 당겨 올리며
눌러 접으세요.

16
뒤로 접으세요.

17

18
선대로
모아 접으세요.

19
올려 접으세요.

20 1/3
1/3정도 위로 당겨 올리며
눌러 접으세요.

21
옆으로 접으세요.

22 1/3
1/3정도 위로 당겨 올리며 눌러 접으세요.
올린 후 **16**번 처럼 뒤로 올려 접으세요.

23
펼쳐 눌러 접으세요.

24
접은 모습

25
당겨 내려 접으세요.

26
위로 올려 접으세요.

27
열린 함몰접기 하세요.

28
앞으로 내려 접으세요.

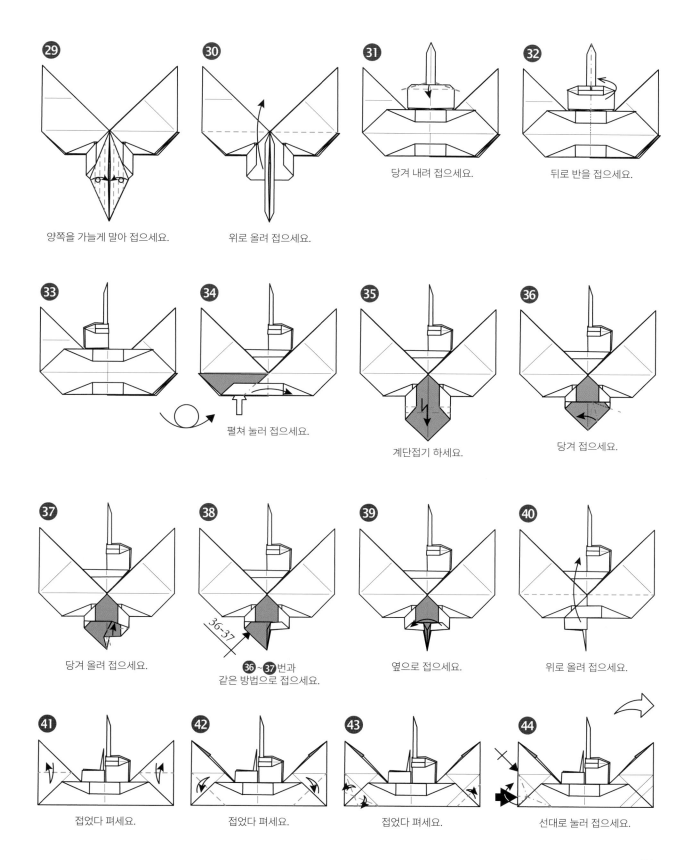

29 양쪽을 가늘게 말아 접으세요.

30 위로 올려 접으세요.

31 당겨 내려 접으세요.

32 뒤로 반을 접으세요.

33

34 펼쳐 눌러 접으세요.

35 계단접기 하세요.

36 당겨 접으세요.

37 당겨 올려 접으세요.

38 36~37 36~37번과 같은 방법으로 접으세요.

39 옆으로 접으세요.

40 위로 올려 접으세요.

41 접었다 펴세요.

42 접었다 펴세요.

43 접었다 펴세요.

44 선대로 눌러 접으세요.

97

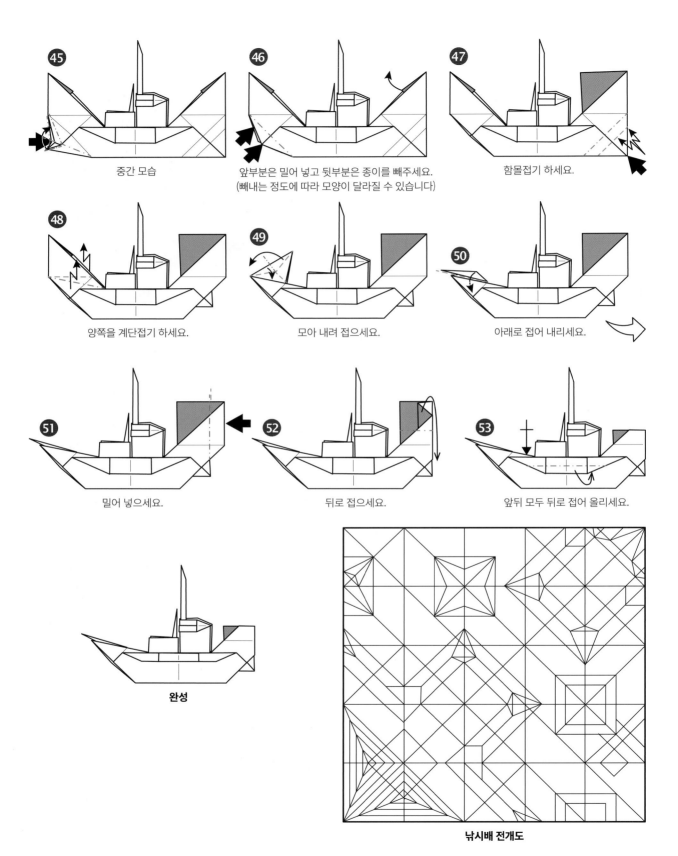

45 중간 모습

46 앞부분은 밀어 넣고 뒷부분은 종이를 빼주세요.
(빼내는 정도에 따라 모양이 달라질 수 있습니다)

47 함몰접기 하세요.

48 양쪽을 계단접기 하세요.

49 모아 내려 접으세요.

50 아래로 접어 내리세요.

51 밀어 넣으세요.

52 뒤로 접으세요.

53 앞뒤 모두 뒤로 접어 올리세요.

완성

낚시배 전개도

범선

🌸 심사작품

Sailboat

종이 |《유제지(수제 종이)》45㎝

6등분하는 방법(❶~❺)을 알아보고,
네 곳 그리드를 통해 돛을 길게 뽑는 방법을
모색합니다. 한 곳 그리드의 경우(어선)와의
차이를 알아봅니다.

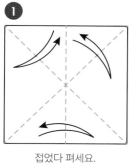

❶ 접었다 펴세요.

❷ 접었다 펴세요.

❸ 접었다 펴세요.

❹ 접었다 펴세요.

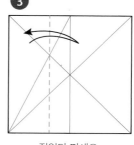

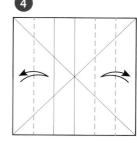

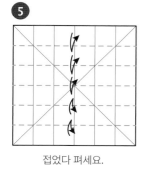

❺ 접었다 펴세요.

❻ 선대로 모아 접으세요.

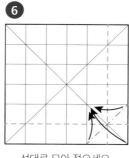

❼ 나머지 세 곳도 같은
방법으로 접으세요.

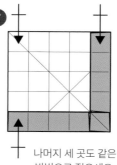

❽ 선대로 모아
올려 접으세요.

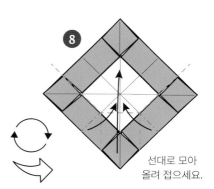

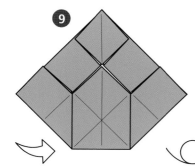

⓫ 선대로 모아 접으세요.

⓬ 접은 모습

⓾ 아래로 내려 접으며
뒤로 모아 접으세요.

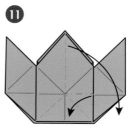

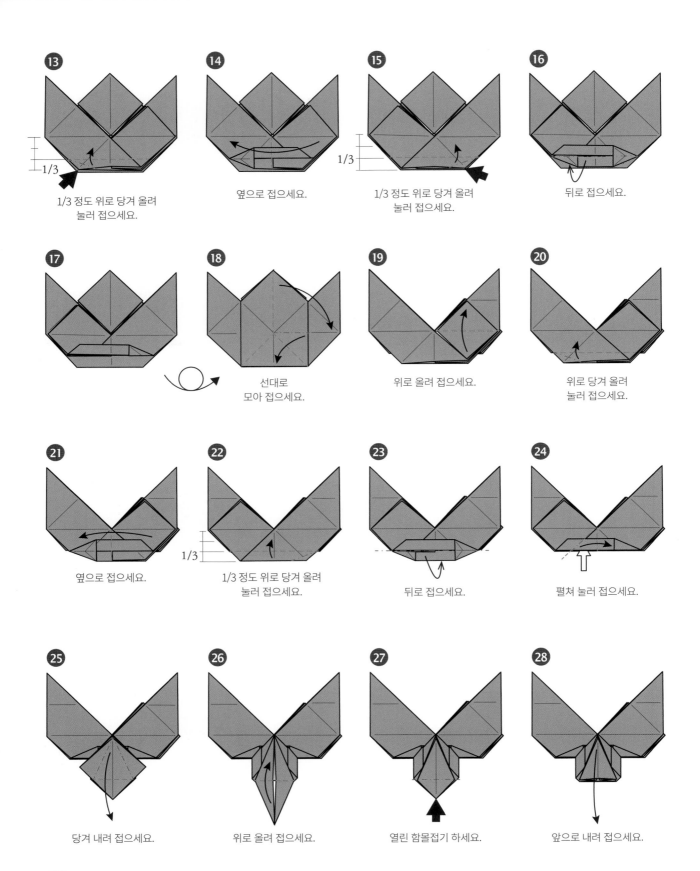

13 1/3 정도 위로 당겨 올려
눌러 접으세요.

14 옆으로 접으세요.

15 1/3 정도 위로 당겨 올려
눌러 접으세요.

16 뒤로 접으세요.

17

18 선대로
모아 접으세요.

19 위로 올려 접으세요.

20 위로 당겨 올려
눌러 접으세요.

21 옆으로 접으세요.

22 1/3 정도 위로 당겨 올려
눌러 접으세요.

23 뒤로 접으세요.

24 펼쳐 눌러 접으세요.

25 당겨 내려 접으세요.

26 위로 올려 접으세요.

27 열린 함몰접기 하세요.

28 앞으로 내려 접으세요.

100

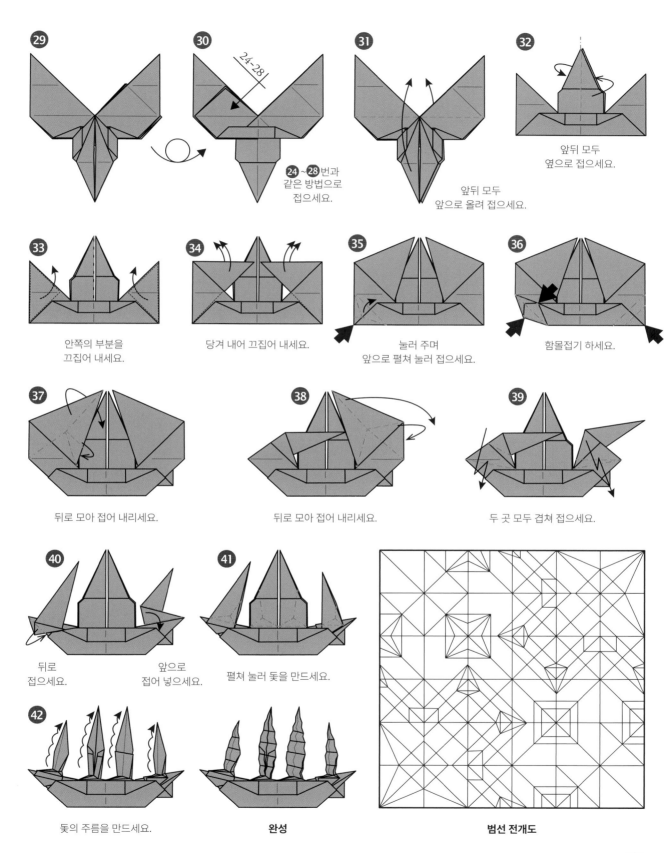

29

30

24~28

24 ~ **28**번과
같은 방법으로
접으세요.

31

앞뒤 모두
앞으로 올려 접으세요.

32

앞뒤 모두
옆으로 접으세요.

33

안쪽의 부분을
끄집어 내세요.

34

당겨 내어 끄집어 내세요.

35

눌러 주며
앞으로 펼쳐 눌러 접으세요.

36

함몰접기 하세요.

37

뒤로 모아 접어 내리세요.

38

뒤로 모아 접어 내리세요.

39

두 곳 모두 겹쳐 접으세요.

40

뒤로
접으세요.

앞으로
접어 넣으세요.

41

펼쳐 눌러 돛을 만드세요.

42

돛의 주름을 만드세요.

완성

범선 전개도

5

테마 접기

다양한 종이접기 컨텐츠를 연속하여 접어보며
기본기를 다지고 문제 적응력이 길러 집니다.

상자 1

✿ 심사작품

Box 1

종이 | 《양면 색종이》 15㎝, 3장

색종이 세 장으로 소품을 담을 수 있는
상자를 접을 수 있습니다.

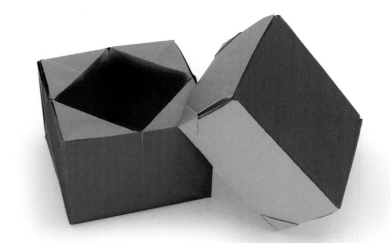

바깥 상자

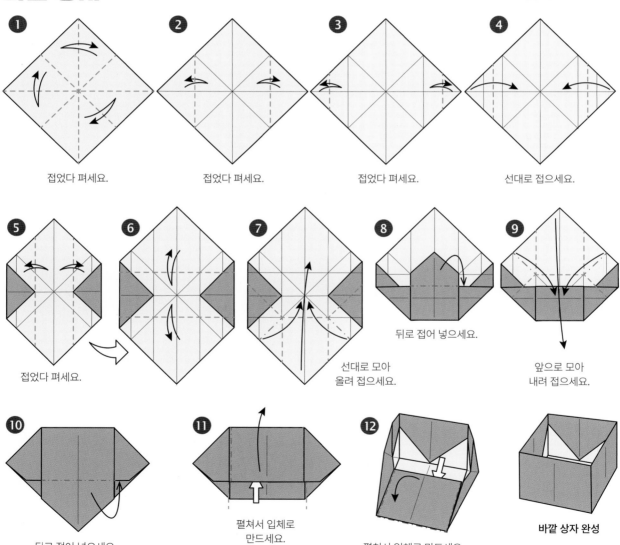

❶ 접었다 펴세요.

❷ 접었다 펴세요.

❸ 접었다 펴세요.

❹ 선대로 접으세요.

❺ 접었다 펴세요.

❻

❼ 선대로 모아
올려 접으세요.

❽ 뒤로 접어 넣으세요.

❾ 앞으로 모아
내려 접으세요.

❿ 뒤로 접어 넣으세요.

⓫ 펼쳐서 입체로
만드세요.

⓬ 펼쳐서 입체로 만드세요.

바깥 상자 완성

안 상자

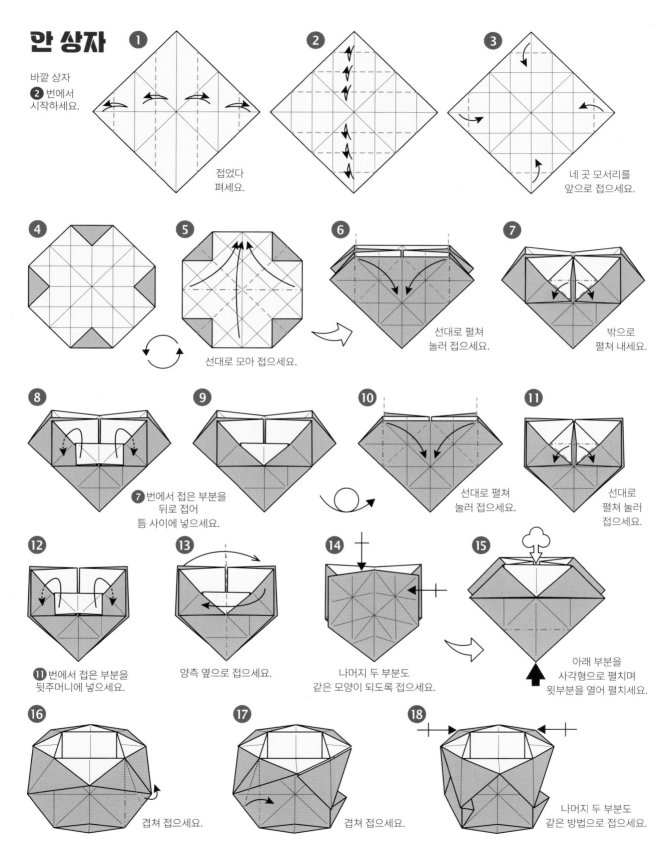

바깥 상자
❷ 번에서
시작하세요.

① 접었다
펴세요.

②

③ 네 곳 모서리를
앞으로 접으세요.

④

⑤ 선대로 모아 접으세요.

⑥ 선대로 펼쳐
눌러 접으세요.

⑦ 밖으로
펼쳐 내세요.

⑧ ❼번에서 접은 부분을
뒤로 접어
틈 사이에 넣으세요.

⑨

⑩ 선대로 펼쳐
눌러 접으세요.

⑪ 선대로
펼쳐 눌러
접으세요.

⑫ ⓫번에서 접은 부분을
뒷주머니에 넣으세요.

⑬ 양측 옆으로 접으세요.

⑭ 나머지 두 부분도
같은 모양이 되도록 접으세요.

⑮ 아래 부분을
사각형으로 펼치며
윗부분을 열어 펼치세요.

⑯ 겹쳐 접으세요.

⑰ 겹쳐 접으세요.

⑱ 나머지 두 부분도
같은 방법으로 접으세요.

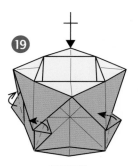

19

윗부분을
사각 우물 모양으로 만들고
아래 모서리 부분을
끼워 고정하세요.

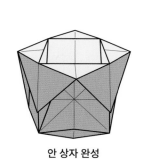

안 상자 완성

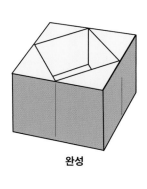

20

안 상자를
바깥 상자에
끼워 넣으세요.

완성

상자 뚜껑

안 상자 **4**번에서 시작하세요.

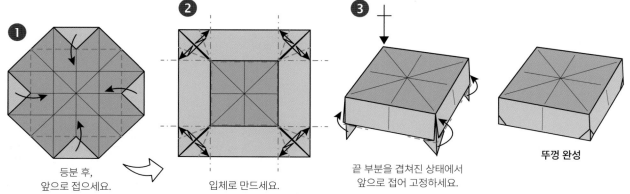

1

등분 후,
앞으로 접으세요.

2

입체로 만드세요.

3

끝 부분을 겹쳐진 상태에서
앞으로 접어 고정하세요.

뚜껑 완성

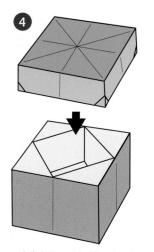

4

안상자에 뚜껑을 덮으세요.

완성

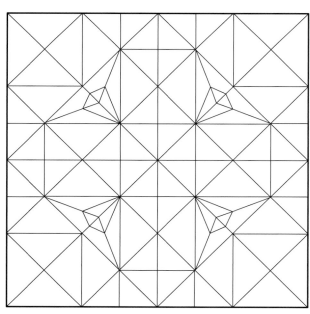

상자 1의 바깥상자 전개도

상자 2

Box 2

종이 | 《무늬 색종이》 15㎝, 2장

본 상자 접기는 마에스트로 과정 중
유일하게 창작 작가를 알지 못하는 작품으로
저자는 인터넷상의 완성 사진만을 보고
그 과정을 유추하여 접고
다이어그램을 만들어 실은 작품입니다.
간혹 우리는 완성된 작품만을 보고 그 작품을 접어보는 시도를 종종 하기도 합니다.
이러한 과정은 Creased Pattern 접기보다도 더 큰 노력과 경험이 필요한 과정입니다.
도전자들도 다이어그램을 보고 접기보다는 완성 사진만 보고서 도전해 보기를 바랍니다.
유추 과정을 통한 많은 도형적 이해와 기술의 습득이 가능해지기도 합니다.
끝으로 본 작품의 창작자임을 주장, 입증하여 주시면
다음 출판 과정에는 반드시 창작자를 표시하여 드리겠음을 말씀드립니다.

뚜껑

104쪽 바깥 상자 ②번에서 시작하세요.

❶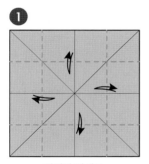

접었다 펴세요.

❷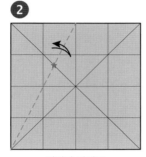

접었다 펴세요.

❸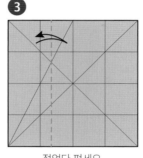

접었다 펴세요.

❹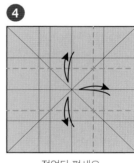

접었다 펴세요.

❺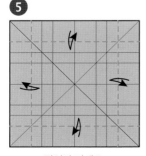

접었다 펴세요.

❻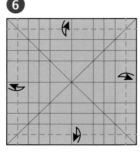

접었다 펴세요.

❼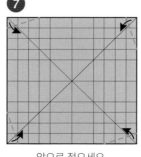

앞으로 접으세요.

❽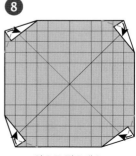

앞으로 접으세요.

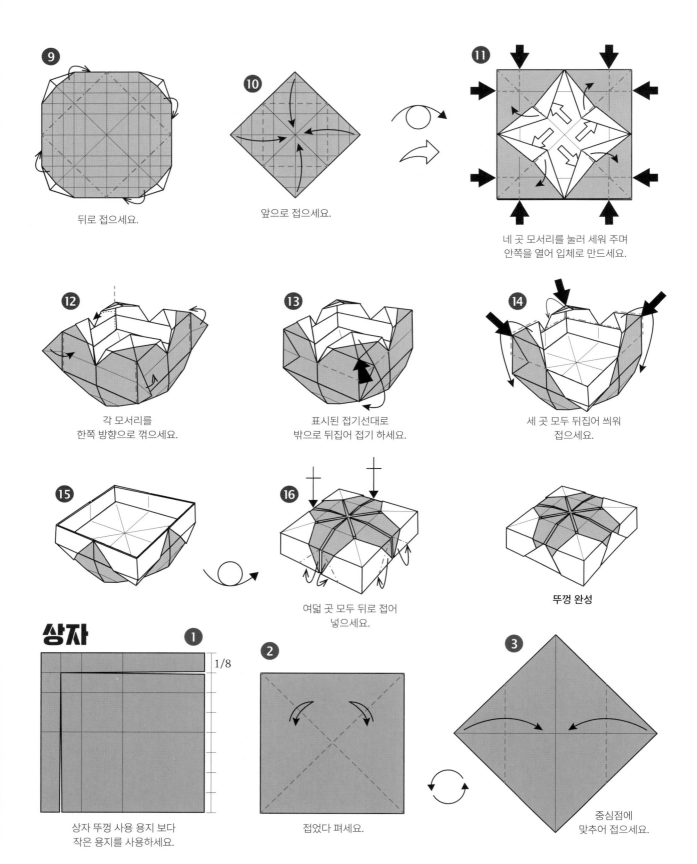

9
뒤로 접으세요.

10
앞으로 접으세요.

11
네 곳 모서리를 눌러 세워 주며
안쪽을 열어 입체로 만드세요.

12
각 모서리를
한쪽 방향으로 꺾으세요.

13
표시된 접기선대로
밖으로 뒤집어 접기 하세요.

14
세 곳 모두 뒤집어 씌워
접으세요.

15

16
여덟 곳 모두 뒤로 접어
넣으세요.

뚜껑 완성

상자

1
1/8
상자 뚜껑 사용 용지 보다
작은 용지를 사용하세요.

2
접었다 펴세요.

3
중심점에
맞추어 접으세요.

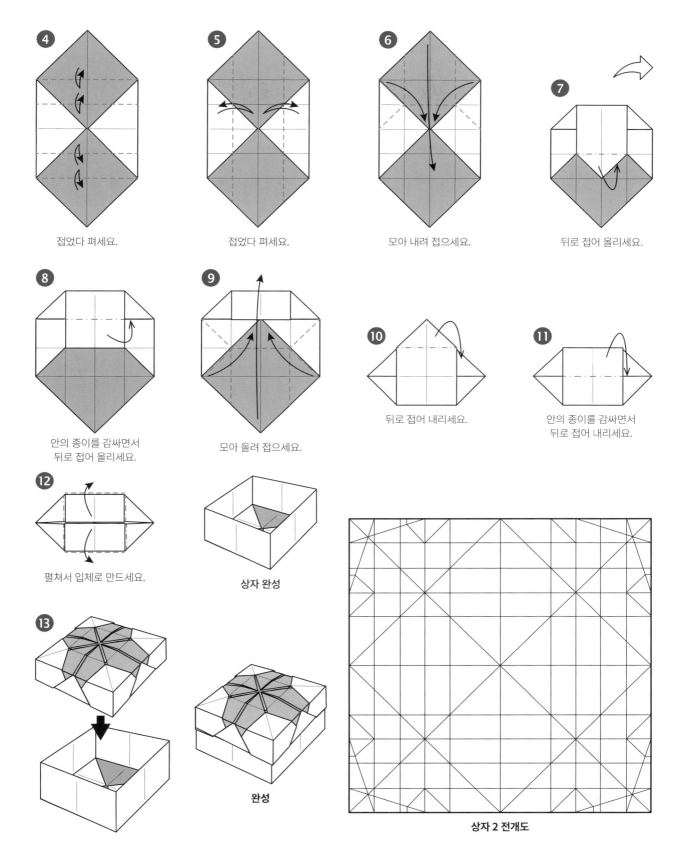

④ 접었다 펴세요.

⑤ 접었다 펴세요.

⑥ 모아 내려 접으세요.

⑦ 뒤로 접어 올리세요.

⑧ 안의 종이를 감싸면서
뒤로 접어 올리세요.

⑨ 모아 올려 접으세요.

⑩ 뒤로 접어 내리세요.

⑪ 안의 종이를 감싸면서
뒤로 접어 내리세요.

⑫ 펼쳐서 입체로 만드세요.

상자 완성

⑬

완성

상자 2 전개도

아기 신발

🌸 심사작품

Baby shoes

종이 | 《무늬 색종이》 15㎝, 2장

신발의 구조적 연관성을 관찰하여
완성 모습을 연상하며
형태를 입체적으로 접어 보세요.

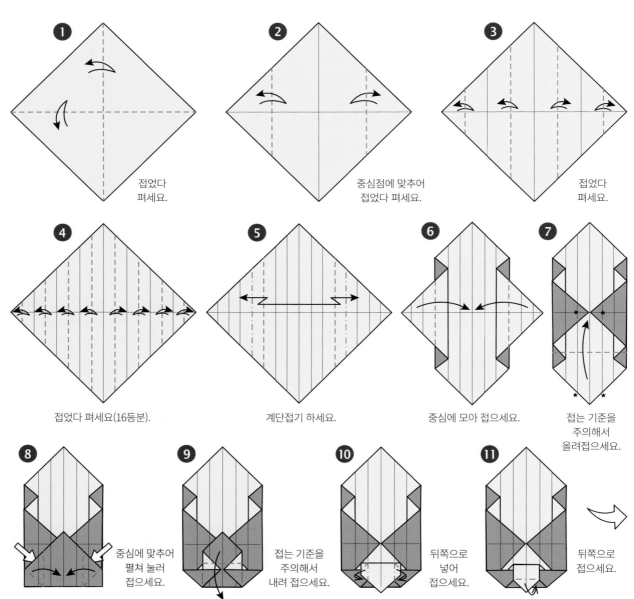

❶ 접었다
펴세요.

❷ 중심점에 맞추어
접었다 펴세요.

❸ 접었다
펴세요.

❹ 접었다 펴세요(16등분).

❺ 계단접기 하세요.

❻ 중심에 모아 접으세요.

❼ 접는 기준을
주의해서
올려접으세요.

❽ 중심에 맞추어
펼쳐 눌러
접으세요.

❾ 접는 기준을
주의해서
내려 접으세요.

❿ 뒤쪽으로
넣어
접으세요.

⓫ 뒤쪽으로
접으세요.

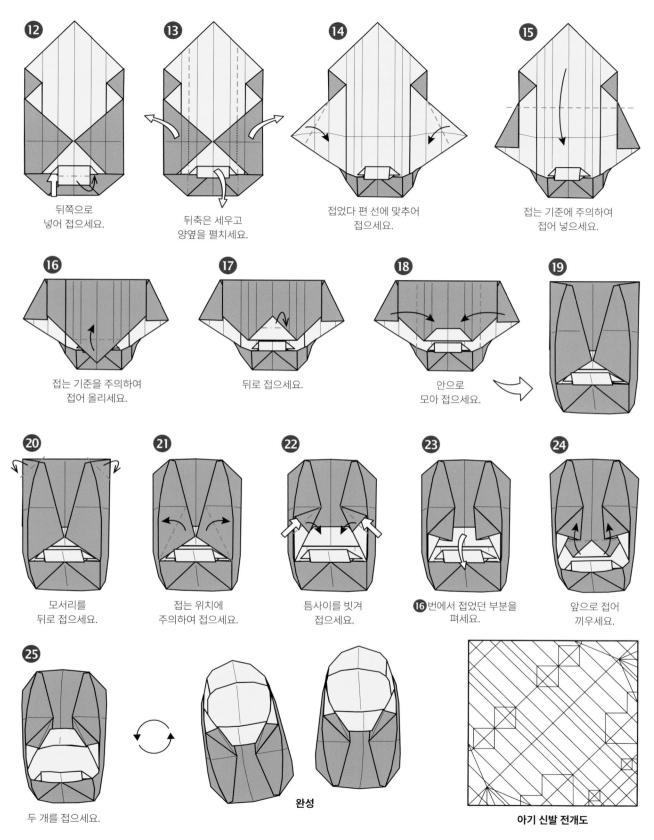

12 뒤쪽으로
넣어 접으세요.

13 뒤축은 세우고
양옆을 펼치세요.

14 접었다 편 선에 맞추어
접으세요.

15 접는 기준에 주의하여
접어 넣으세요.

16 접는 기준을 주의하여
접어 올리세요.

17 뒤로 접으세요.

18 안으로
모아 접으세요.

19

20 모서리를
뒤로 접으세요.

21 접는 위치에
주의하여 접으세요.

22 틈사이를 빗겨
접으세요.

23 ⑯번에서 접었던 부분을
펴세요.

24 앞으로 접어
끼우세요.

25 두 개를 접으세요.

완성

아기 신발 전개도

미니 앨범 ✿ 심사작품
Mini album

종이 | 《양면 색종이》 15㎝, 10장 이상

유닛을 연결할 때 끼워 넣는 과정을
재밌게 경험할 수 있습니다. 여러 장을 사용하여
연결해보고 앨범 속에 추억할 만한 이미지 또는
자신이 사랑하는 이미지들을 담아 보며
재밌게 연출할 수 있는 앨범 작품입니다

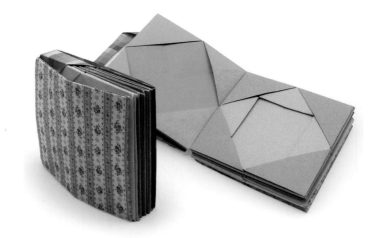

유닛 1

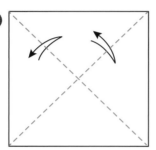
접었다 펴세요.

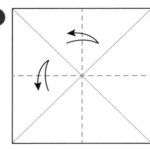
접었다 펴세요.

중심점에 맞추어 접었다 펴세요.

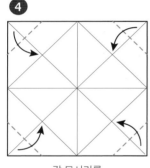
각 모서리를
접힌 선의 반씩 접으세요.

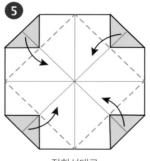
접힌선대로
접으세요.

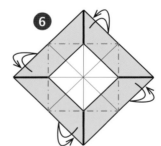
뒤로 접었다 펴세요.

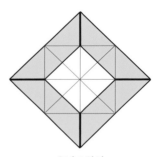
유닛 1 완성

유닛 2 유닛 1의 ❺번에서 시작하세요.

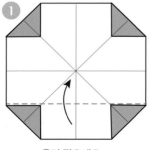
올려 접으세요.

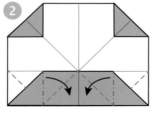
선대로 접으세요.

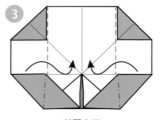
안쪽으로
접으세요.

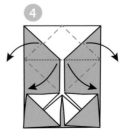
아래로 펼쳐 내려 접으며
윗부분을
펼쳐 눌러 접으세요.

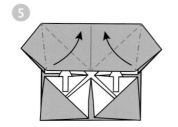

⑤ 선대로 펼쳐 눌러 접으세요.

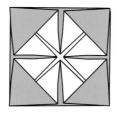

유닛 2 완성

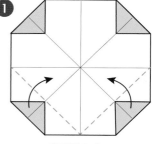

유닛 3
아래표지

유닛 1의 ⑤번에서
시작하세요.

올려 접으세요.

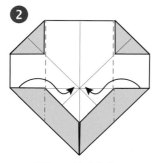

② 안쪽으로 접기 하세요.

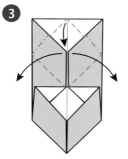

③ 펼쳐 눌러 접기 하세요.

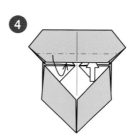

④ 안으로 접어 넣으세요.

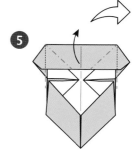

⑤ 위로 들어 올려 접으세요.

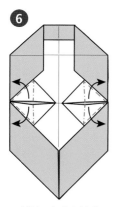

⑥ 펼쳐 눌러 접기 하세요.

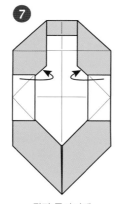

⑦ 뒷장 틈사이에
끼워 넣으세요.

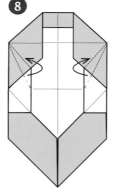

⑧ 풀어지지 않도록
뒤로 접으세요.

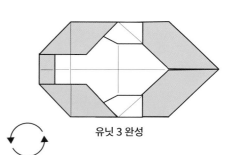

유닛 3 완성

조립-유닛 4

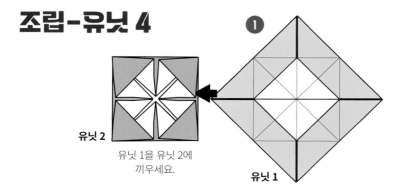

① 유닛 2

유닛 1을 유닛 2에
끼우세요.

유닛 1

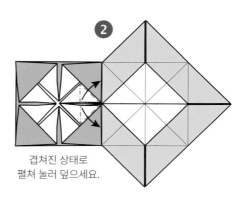

② 겹쳐진 상태로
펼쳐 눌러 덮으세요.

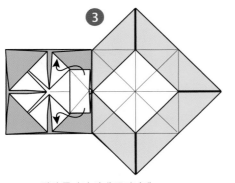

3

뒷장 틈사이 아래 주머니에
끼워 넣으세요.

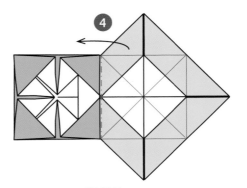

4

유닛 2를
뒤로 넘겨 접으세요.

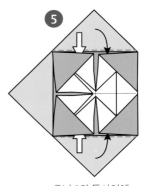

5

유닛 1의 틈사이에
끼우세요.

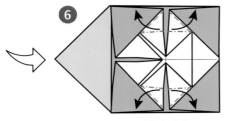

6

겹쳐진 상태로
펼쳐 눌러 덮으세요.

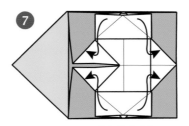

7

뒷장 틈사이에
끼워 넣으세요.

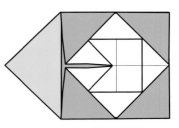

유닛 4 완성

4~5개를 만드세요.

연결

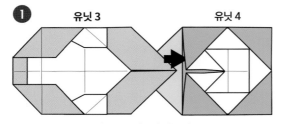

①

유닛 3   유닛 4

유닛 3을 유닛 4에 끼우세요.

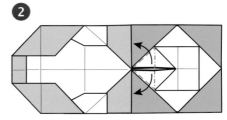

②

겹쳐진 상태로 펼쳐 눌러 덮으세요.

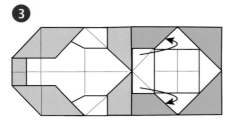

③

뒷장 틈사이에 끼우세요.

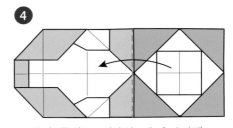

④

유닛 4를 앞으로 넘겨 접으세요(1장 연결).

114

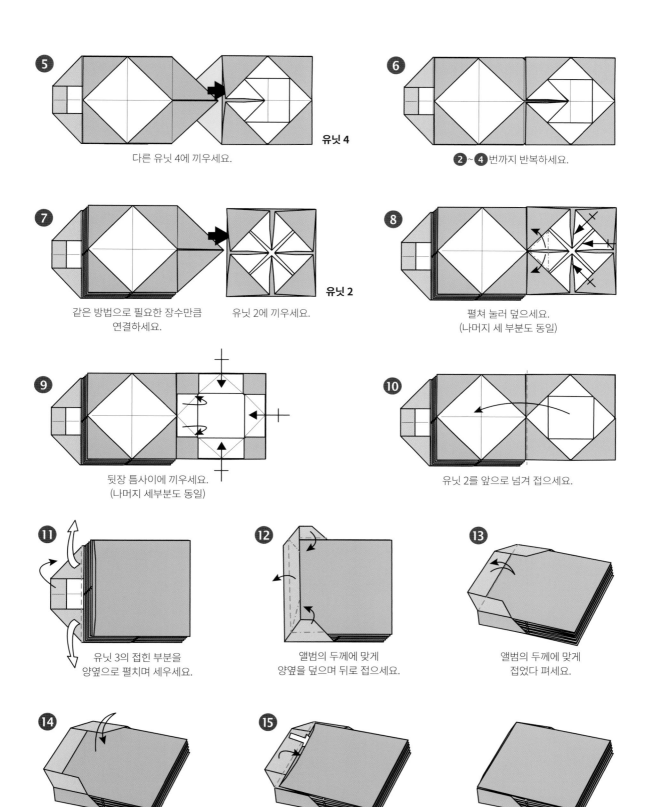

5 다른 유닛 4에 끼우세요.

유닛 4

6 ②~④번까지 반복하세요.

7 같은 방법으로 필요한 장수만큼
연결하세요.

유닛 2에 끼우세요.

유닛 2

8 펼쳐 눌러 덮으세요.
(나머지 세 부분도 동일)

9 뒷장 틈사이에 끼우세요.
(나머지 세부분도 동일)

10 유닛 2를 앞으로 넘겨 접으세요.

11 유닛 3의 접힌 부분을
양옆으로 펼치며 세우세요.

12 앨범의 두께에 맞게
양옆을 덮으며 뒤로 접으세요.

13 앨범의 두께에 맞게
접었다 펴세요.

14 맨위의 표지를 들추었다
다시 닫으세요.

15 ⑩번에서 넘겨접은 유닛 2 틈사이에 끼우세요.

완성

소품접기

꽃마차

Flower carriage

종이 | 《만능 엠보무늬 색종이》 26㎝

한 장으로 마차의 바퀴와 적재공간의
형태를 중심으로 표현한 작품입니다.

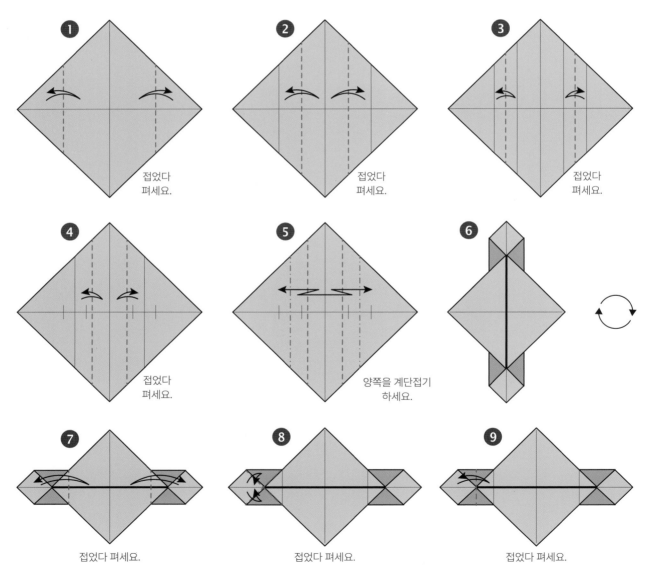

❶ 접었다
펴세요.

❷ 접었다
펴세요.

❸ 접었다
펴세요.

❹ 접었다
펴세요.

❺ 양쪽을 계단접기
하세요.

❼ 접었다 펴세요.

❽ 접었다 펴세요.

❾ 접었다 펴세요.

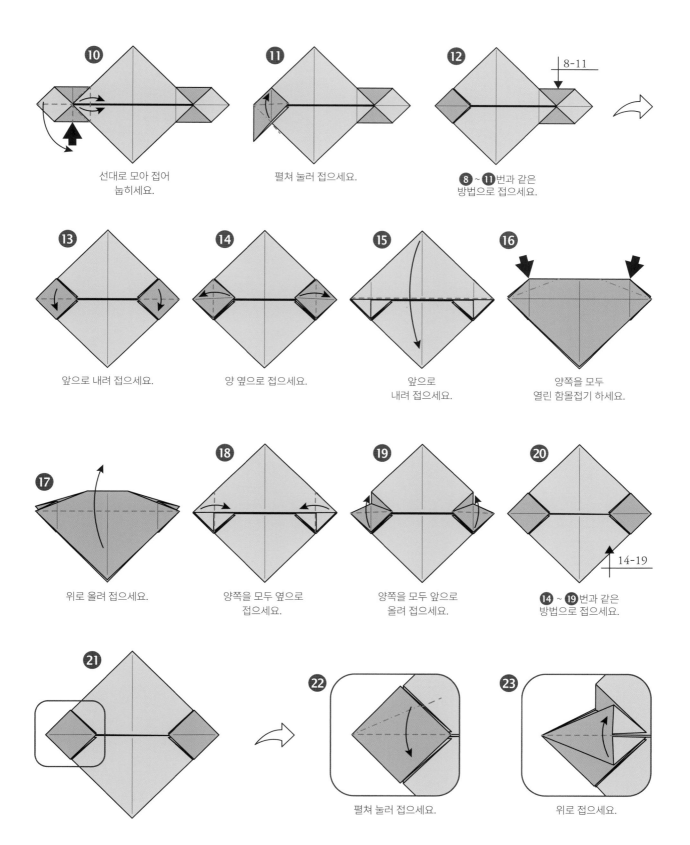

10 선대로 모아 접어
눕히세요.

11 펼쳐 눌러 접으세요.

12 8~11번과 같은
방법으로 접으세요.

8-11

13 앞으로 내려 접으세요.

14 양 옆으로 접으세요.

15 앞으로
내려 접으세요.

16 양쪽을 모두
열린 함몰접기 하세요.

17 위로 올려 접으세요.

18 양쪽을 모두 옆으로
접으세요.

19 양쪽을 모두 앞으로
올려 접으세요.

20 14~19번과 같은
방법으로 접으세요.

14-19

21

22 펼쳐 눌러 접으세요.

23 위로 접으세요.

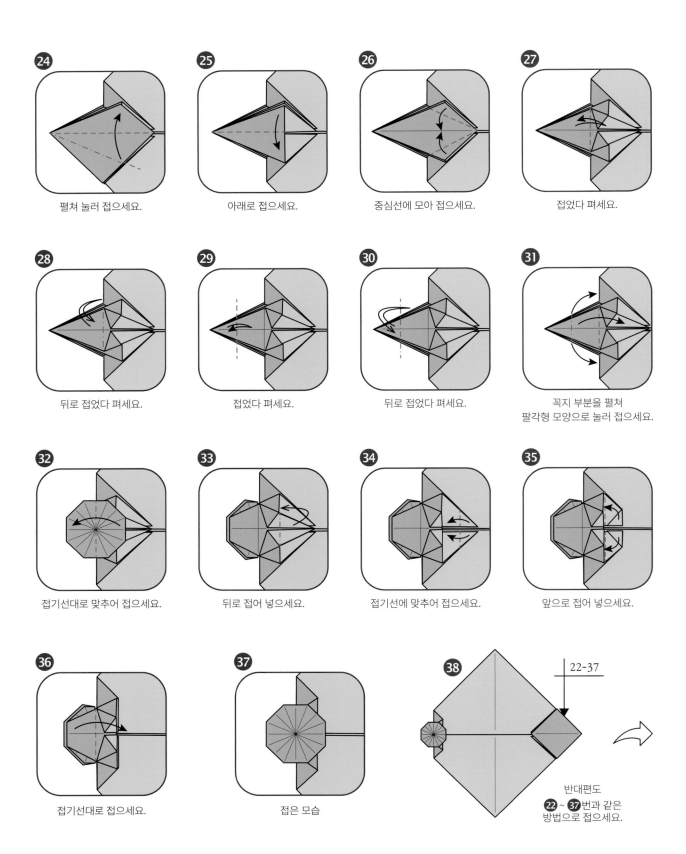

24 펼쳐 눌러 접으세요.

25 아래로 접으세요.

26 중심선에 모아 접으세요.

27 접었다 펴세요.

28 뒤로 접었다 펴세요.

29 접었다 펴세요.

30 뒤로 접었다 펴세요.

31 꼭지 부분을 펼쳐
팔각형 모양으로 눌러 접으세요.

32 접기선대로 맞추어 접으세요.

33 뒤로 접어 넣으세요.

34 접기선에 맞추어 접으세요.

35 앞으로 접어 넣으세요.

36 접기선대로 접으세요.

37 접은 모습

38 22-37

반대편도
22 ~ **37**번과 같은
방법으로 접으세요.

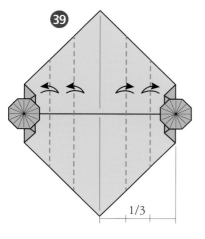

39

1/3

양쪽을 3등분 하여 접었다 펴세요.

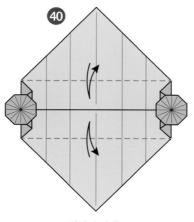

40

접었다 펴세요.

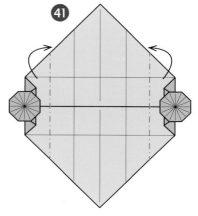

41

뒤로 접으세요.

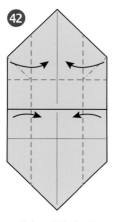

42

상자 모양이 되도록
접기선대로 접으세요.

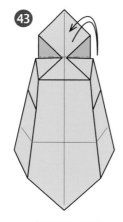

43

뒤로 접었다 편 후
펼치세요.

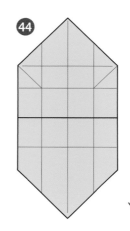

44

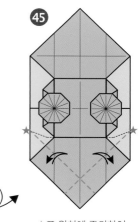

45

★표 위치에 주의하여
접었다 펴세요.

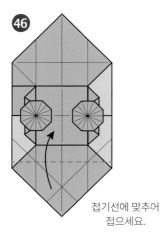

46

접기선에 맞추어
접으세요.

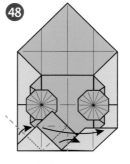

47

당겨 접으세요.
(회전축 접기)

48

당겨 접으세요.
(회전축 접기)

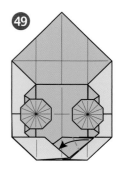

49

앞으로 접어
끝 부분을 넣으세요.

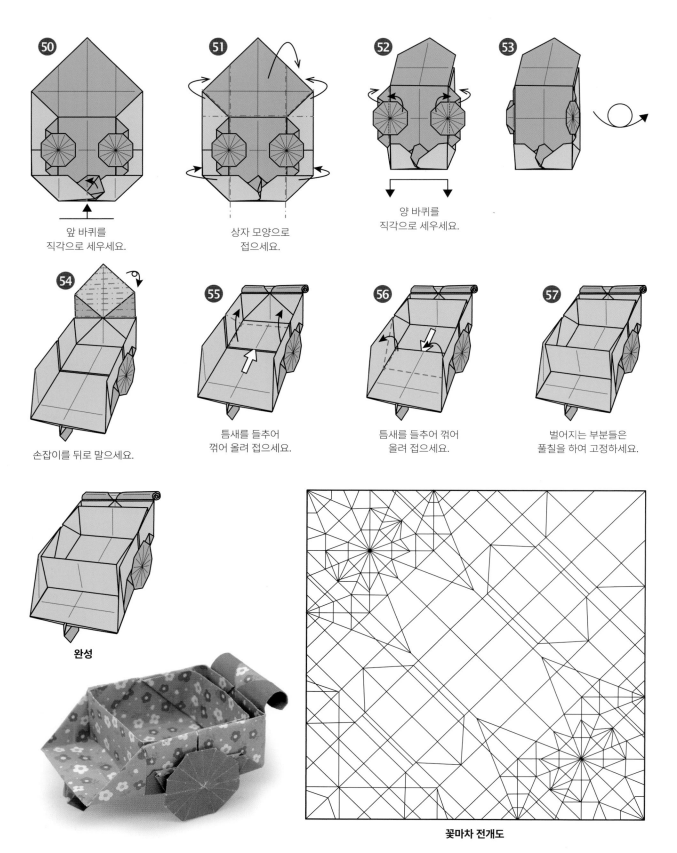

50

앞 바퀴를
직각으로 세우세요.

51

상자 모양으로
접으세요.

52

53

양 바퀴를
직각으로 세우세요.

54

손잡이를 뒤로 말으세요.

55

틈새를 들추어
꺾어 올려 접으세요.

56

틈새를 들추어 꺾어
올려 접으세요.

57

벌어지는 부분들은
풀칠을 하여 고정하세요.

완성

꽃마차 전개도

강아지 접기
하운드

Hound

종이 | 《다물 클래식-매트》 30㎝

기초적인 박스플릿의 예입니다.
더 많은 등분의 박스플릿을 하기 전 충분한
기본적인 방법을 익히기 바랍니다.

112쪽 유닛 1 ❸번에서 시작하세요.

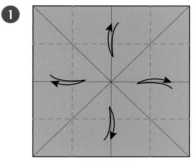

❶ 접었다 펴세요.

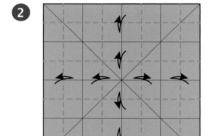

❷ 접었다 펴세요.

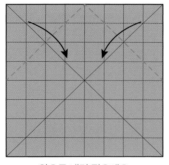

❸ 앞으로 내려 접으세요.

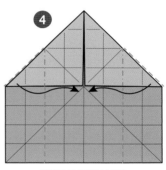

❹ 안쪽으로 접기 하세요.

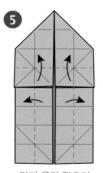

❺ 당겨 올려 접으며
양옆으로 펼쳐 눌러 접으세요.

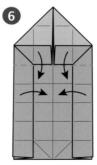

❻ 다시 닫으세요.

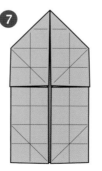

❼

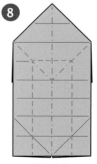

❽ 접기선대로
접으세요.

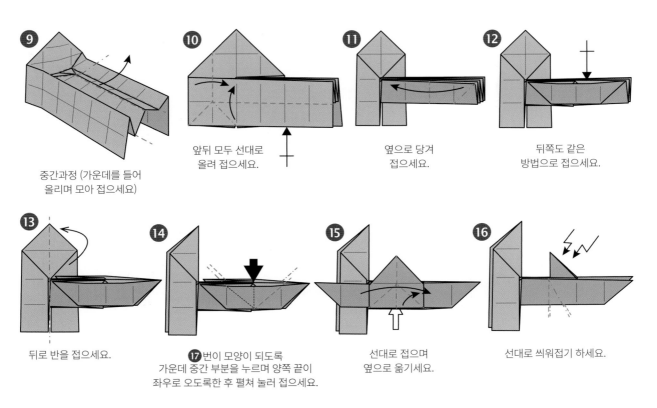

⑨ 중간과정 (가운데를 들어
올리며 모아 접으세요)

⑩ 앞뒤 모두 선대로
올려 접으세요.

⑪ 옆으로 당겨
접으세요.

⑫ 뒤쪽도 같은
방법으로 접으세요.

⑬ 뒤로 반을 접으세요.

⑭ ⑰번이 모양이 되도록
가운데 중간 부분을 누르며 양쪽 끝이
좌우로 오도록한 후 펼쳐 눌러 접으세요.

⑮ 선대로 접으며
옆으로 옮기세요.

⑯ 선대로 씌워접기 하세요.

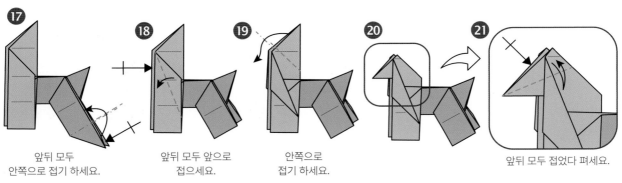

⑰ 앞뒤 모두
안쪽으로 접기 하세요.

⑱ 앞뒤 모두 앞으로
접으세요.

⑲ 안쪽으로
접기 하세요.

⑳

㉑ 앞뒤 모두 접었다 펴세요.

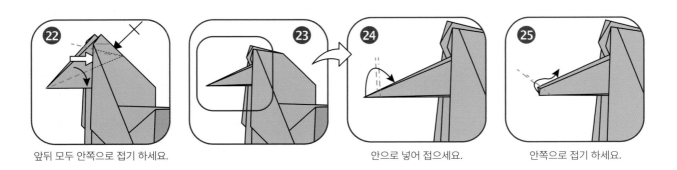

㉒ 앞뒤 모두 안쪽으로 접기 하세요.

㉓

㉔ 안으로 넣어 접으세요.

㉕ 안쪽으로 접기 하세요.

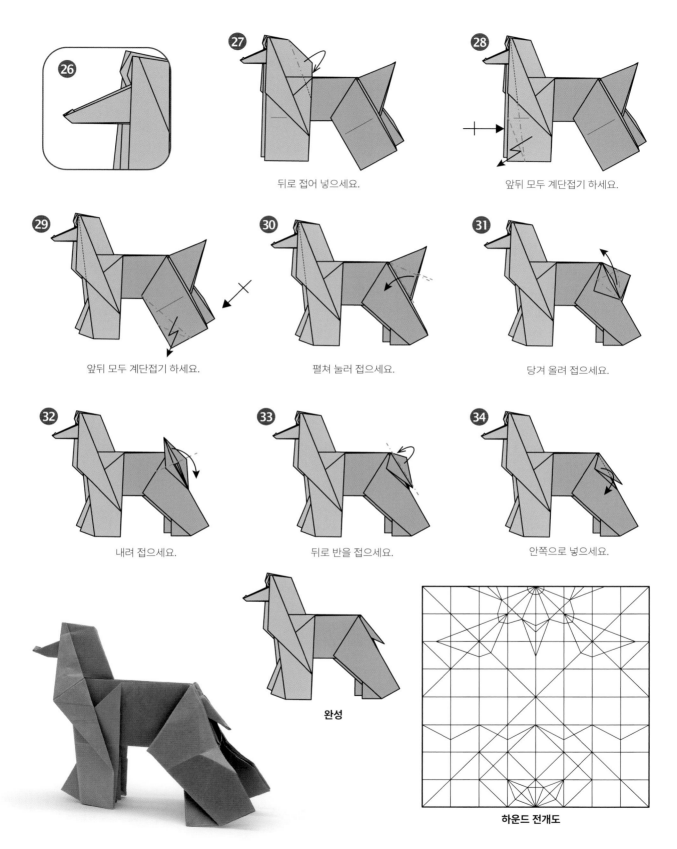

26

27
뒤로 접어 넣으세요.

28
앞뒤 모두 계단접기 하세요.

29
앞뒤 모두 계단접기 하세요.

30
펼쳐 눌러 접으세요.

31
당겨 올려 접으세요.

32
내려 접으세요.

33
뒤로 반을 접으세요.

34
안쪽으로 넣으세요.

완성

하운드 전개도

강아지 접기

코카 스파니엘

Cocker Spaniel

✿ 심사작품

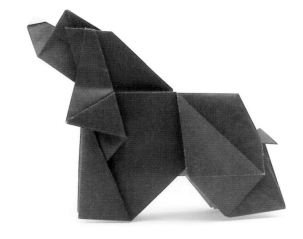

종이 | 《다물 클래식-매트》 15㎝

강아지 접기는 다양한 몸 형태와
머리 모양을 가지고 있어
동물접기에 매우 유용한 테마입니다.
각 품종마다 가지고 있는 형태적 특성을 어떠한
방법을 통해 표현하였는지 유의하시기 바랍니다.
종이접기 창작 과정 중 가끔 막힐 경우에는
안쪽의 숨겨있는 부분을 밖으로 끄집어 내는
등의 방법을 쓰기도 합니다.
⑱번, ⑳번과 ㉘번의 경우 입니다.

❶
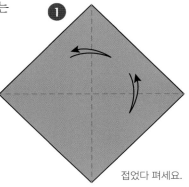
접었다 펴세요.

❷
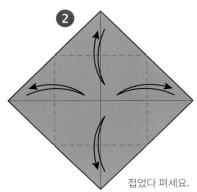
접었다 펴세요.

❸
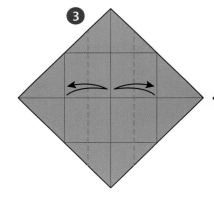

❹
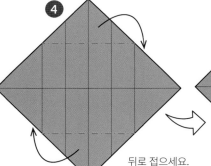
뒤로 접으세요.

❺
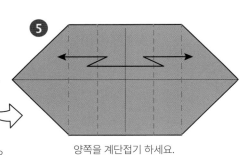
양쪽을 계단접기 하세요.

❻
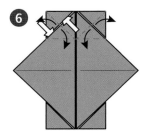
위쪽 틈사이를 벌리면서
펼쳐 눌러접기 하세요.

❼
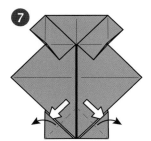
펼쳐 눌러 접으세요.

❽
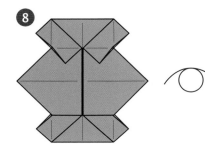

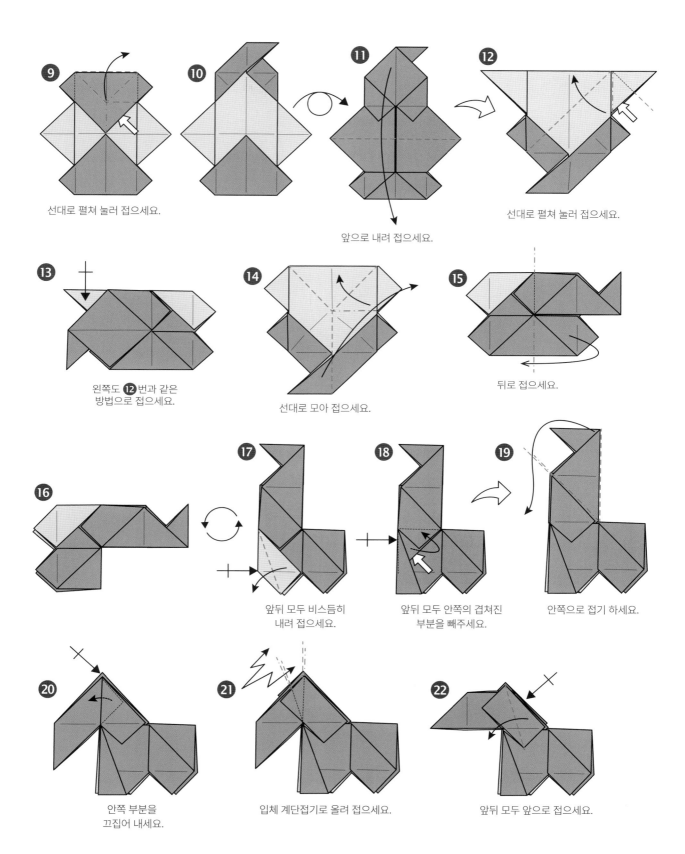

9 선대로 펼쳐 눌러 접으세요.

10

11 앞으로 내려 접으세요.

12 선대로 펼쳐 눌러 접으세요.

13 왼쪽도 **12**번과 같은 방법으로 접으세요.

14 선대로 모아 접으세요.

15 뒤로 접으세요.

16

17 앞뒤 모두 비스듬히 내려 접으세요.

18 앞뒤 모두 안쪽의 겹쳐진 부분을 빼주세요.

19 안쪽으로 접기 하세요.

20 안쪽 부분을 끄집어 내세요.

21 입체 계단접기로 올려 접으세요.

22 앞뒤 모두 앞으로 접으세요.

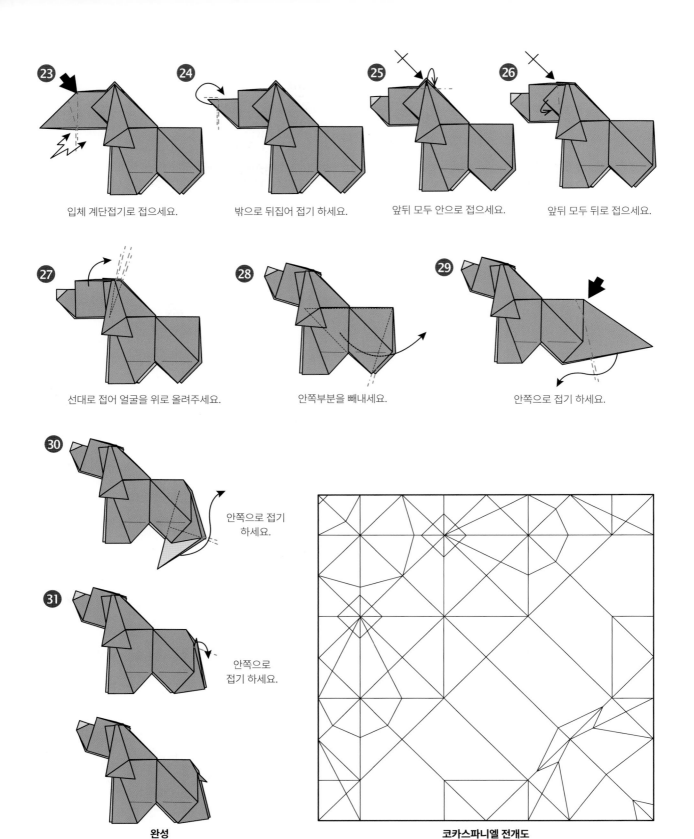

23 입체 계단접기로 접으세요.

24 밖으로 뒤집어 접기 하세요.

25 앞뒤 모두 안으로 접으세요.

26 앞뒤 모두 뒤로 접으세요.

27 선대로 접어 얼굴을 위로 올려주세요.

28 안쪽부분을 빼내세요.

29 안쪽으로 접기 하세요.

30 안쪽으로 접기 하세요.

31 안쪽으로 접기 하세요.

완성

코카스파니엘 전개도

강아지 접기

도베르만

Doberman

종이 | 《다물 클래식-매트》 30㎝

골격이 견고하고, 근육이 다부진 것이 특징인
도베르만의 특징을 잘 살린 접기입니다.
되도록 얼굴을 작게 만들어야
전체적 균형이 좋아집니다.

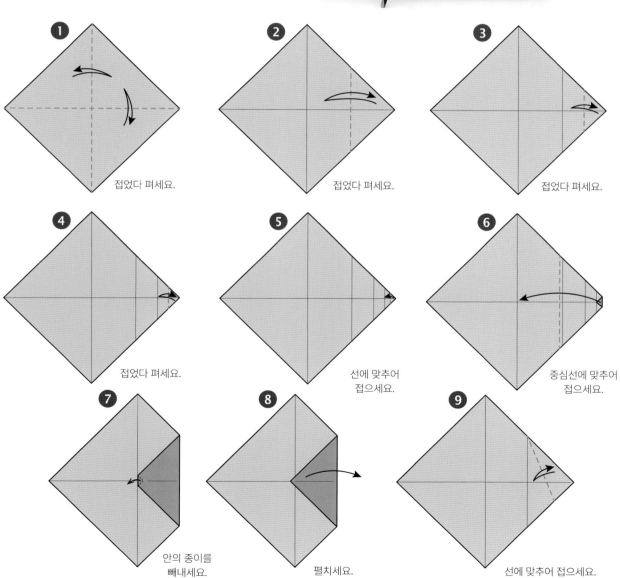

① 접었다 펴세요.

② 접었다 펴세요.

③ 접었다 펴세요.

④ 접었다 펴세요.

⑤ 선에 맞추어
접으세요.

⑥ 중심선에 맞추어
접으세요.

⑦ 안의 종이를
빼내세요.

⑧ 펼치세요.

⑨ 선에 맞추어 접으세요.

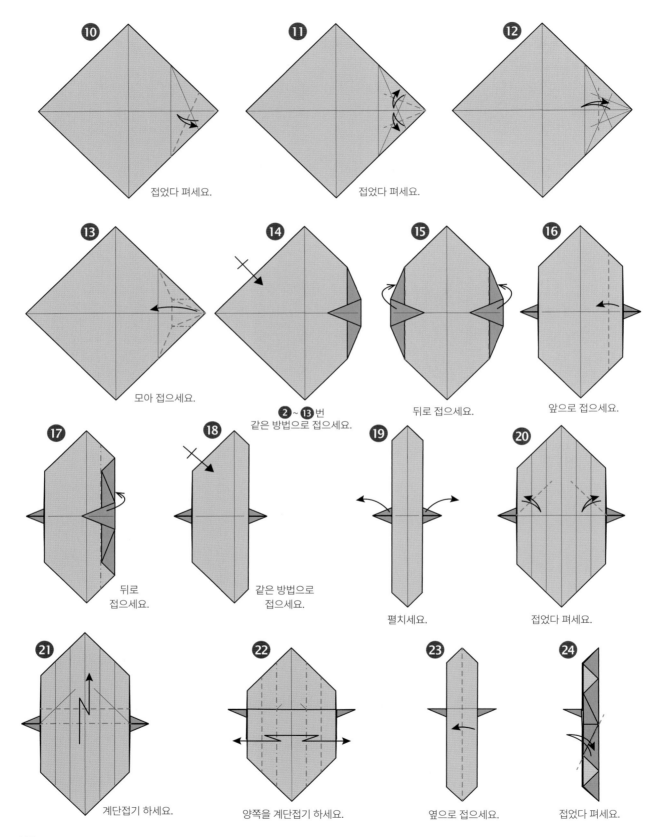

10 접었다 펴세요.

11 접었다 펴세요.

12

13 모아 접으세요.

14 ❷~⓭번
같은 방법으로 접으세요.

15 뒤로 접으세요.

16 앞으로 접으세요.

17 뒤로
접으세요.

18 같은 방법으로
접으세요.

19 펼치세요.

20 접었다 펴세요.

21 계단접기 하세요.

22 양쪽을 계단접기 하세요.

23 옆으로 접으세요.

24 접었다 펴세요.

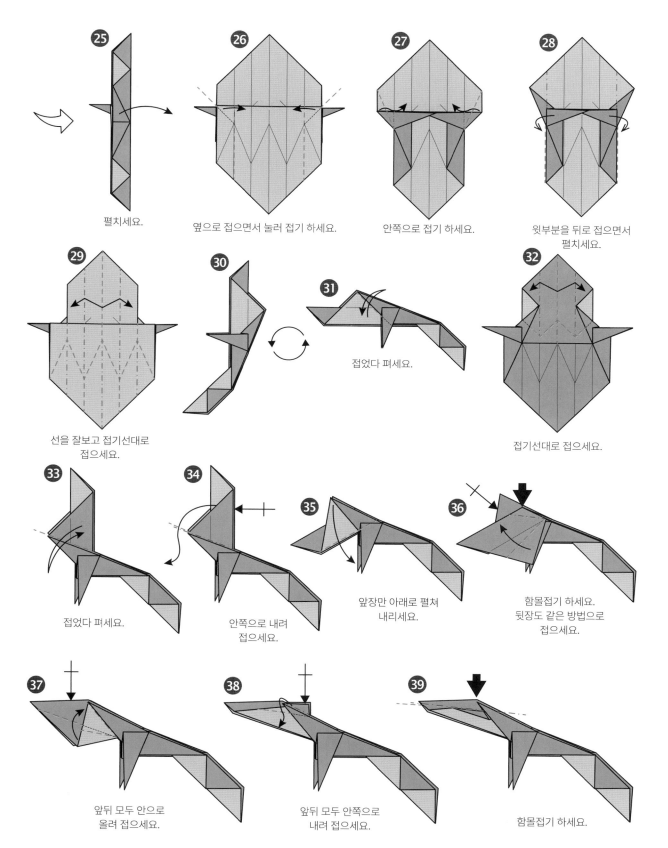

25 펼치세요.

26 옆으로 접으면서 눌러 접기 하세요.

27 안쪽으로 접기 하세요.

28 윗부분을 뒤로 접으면서 펼치세요.

29 선을 잘보고 접기선대로 접으세요.

30

31 접었다 펴세요.

32 접기선대로 접으세요.

33 접었다 펴세요.

34 안쪽으로 내려 접으세요.

35 앞장만 아래로 펼쳐 내리세요.

36 함몰접기 하세요. 뒷장도 같은 방법으로 접으세요.

37 앞뒤 모두 안으로 올려 접으세요.

38 앞뒤 모두 안쪽으로 내려 접으세요.

39 함몰접기 하세요.

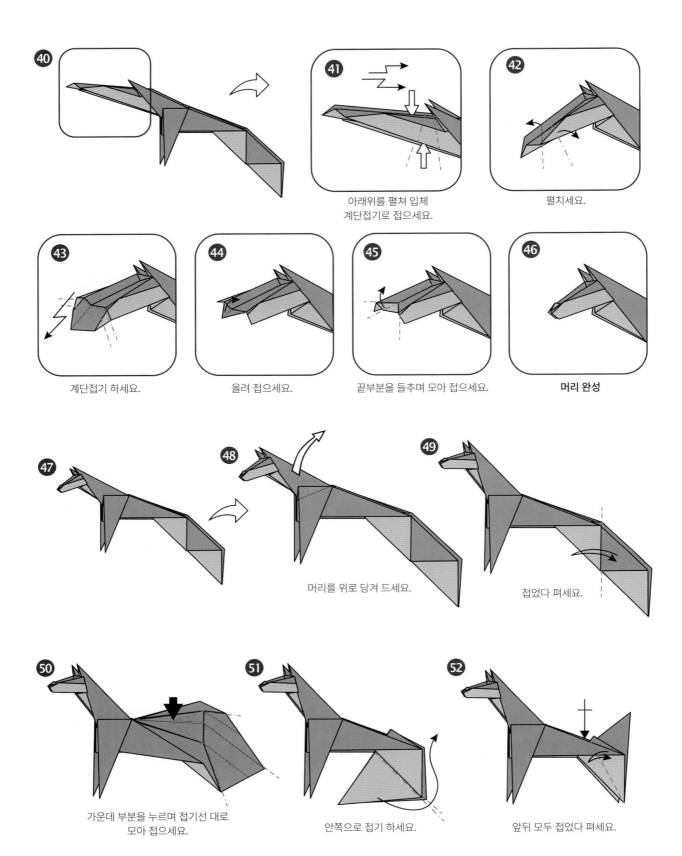

40

41
아래위를 펼쳐 입체
계단접기로 접으세요.

42
펼치세요.

43
계단접기 하세요.

44
올려 접으세요.

45
끝부분을 들추며 모아 접으세요.

46
머리 완성

47

48
머리를 위로 당겨 드세요.

49
접었다 펴세요.

50
가운데 부분을 누르며 접기선 대로
모아 접으세요.

51
안쪽으로 접기 하세요.

52
앞뒤 모두 접었다 펴세요.

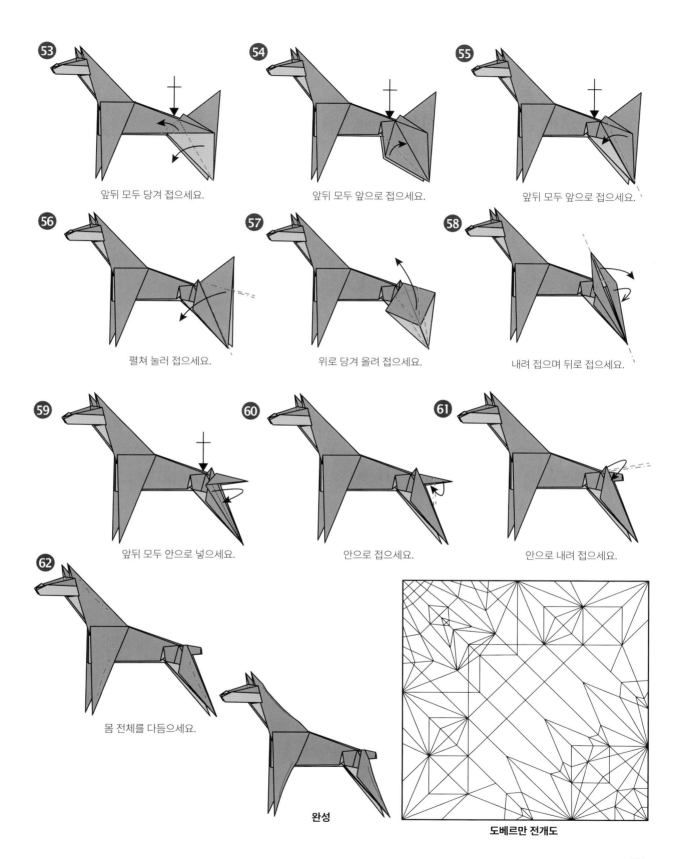

53 앞뒤 모두 당겨 접으세요.

54 앞뒤 모두 앞으로 접으세요.

55 앞뒤 모두 앞으로 접으세요.

56 펼쳐 눌러 접으세요.

57 위로 당겨 올려 접으세요.

58 내려 접으며 뒤로 접으세요.

59 앞뒤 모두 안으로 넣으세요.

60 안으로 접으세요.

61 안으로 내려 접으세요.

62 몸 전체를 다듬으세요.

완성

도베르만 전개도

강아지 접기

푸들

Poodle

종이 | 《다물 클래식-매트》 30㎝

푸들의 특징인 앞다리보다 뒷다리가 길고
일자로 뻗어있는 주둥이와 볼까지 길게
늘어져 있는 귀를 잘 표현한 작품입니다.
③⑦ ~ ③⑧ 번에 유의하여 접으세요.

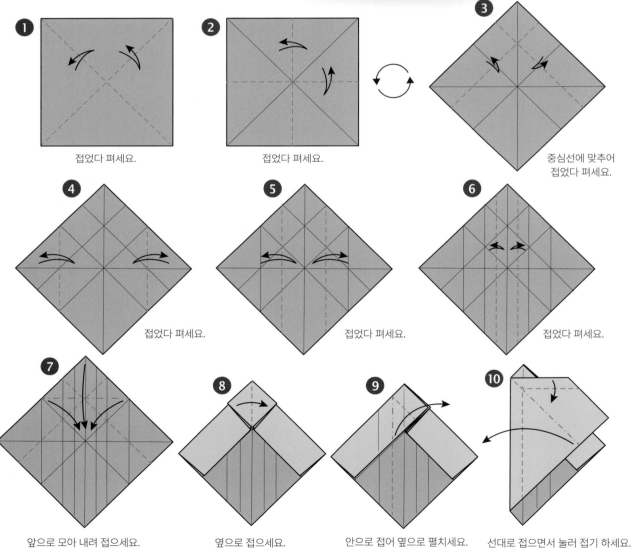

① 접었다 펴세요.

② 접었다 펴세요.

③ 중심선에 맞추어
접었다 펴세요.

④ 접었다 펴세요.

⑤ 접었다 펴세요.

⑥ 접었다 펴세요.

⑦ 앞으로 모아 내려 접으세요.

⑧ 옆으로 접으세요.

⑨ 안으로 접어 옆으로 펼치세요.

⑩ 선대로 접으면서 눌러 접기 하세요.

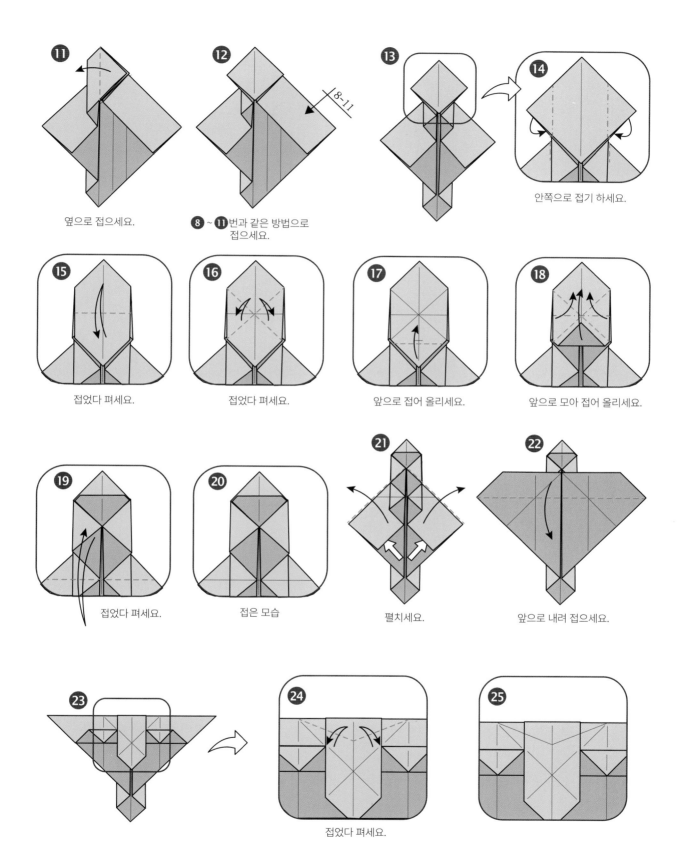

⓫ 옆으로 접으세요.

⓬ ⑧~⓫번과 같은 방법으로 접으세요.

⓭

⓮ 안쪽으로 접기 하세요.

⓯ 접었다 펴세요.

⓰ 접었다 펴세요.

⓱ 앞으로 접어 올리세요.

⓲ 앞으로 모아 접어 올리세요.

⓳ 접었다 펴세요.

⓴ 접은 모습

㉑ 펼치세요.

㉒ 앞으로 내려 접으세요.

㉓

㉔ 접었다 펴세요.

㉕

133

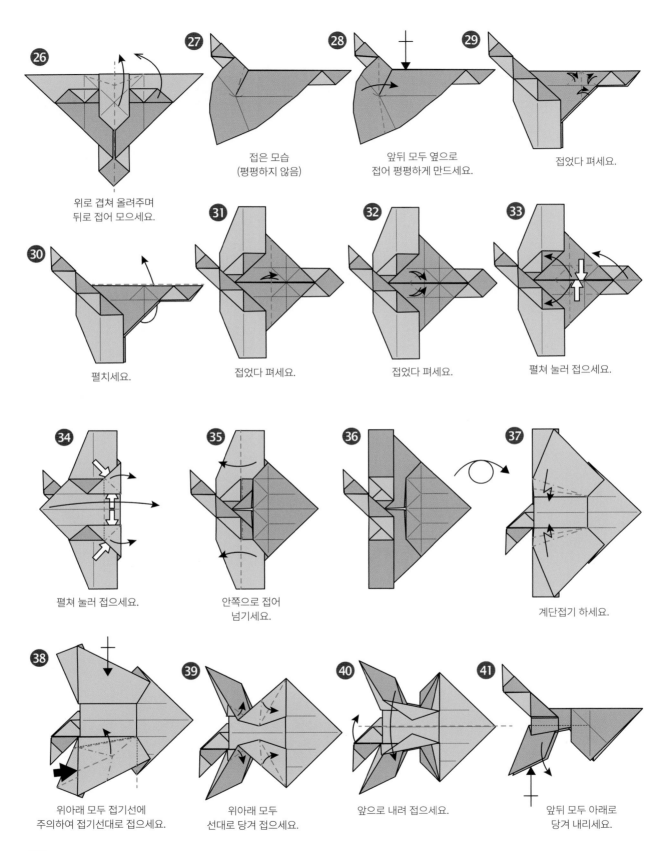

26 위로 겹쳐 올려주며
뒤로 접어 모으세요.

27 접은 모습
(평평하지 않음)

28 앞뒤 모두 옆으로
접어 평평하게 만드세요.

29 접었다 펴세요.

30 펼치세요.

31 접었다 펴세요.

32 접었다 펴세요.

33 펼쳐 눌러 접으세요.

34 펼쳐 눌러 접으세요.

35 안쪽으로 접어
넘기세요.

36

37 계단접기 하세요.

38 위아래 모두 접기선에
주의하여 접기선대로 접으세요.

39 위아래 모두
선대로 당겨 접으세요.

40 앞으로 내려 접으세요.

41 앞뒤 모두 아래로
당겨 내리세요.

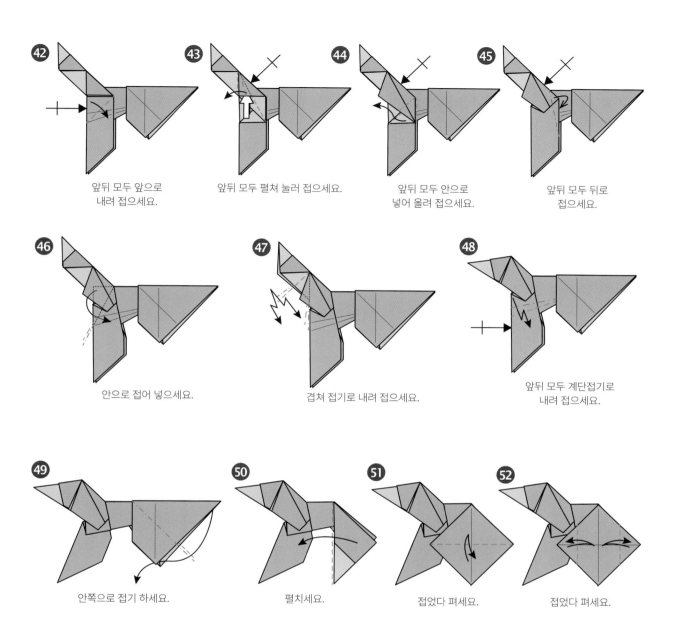

42 앞뒤 모두 앞으로
내려 접으세요.

43 앞뒤 모두 펼쳐 눌러 접으세요.

44 앞뒤 모두 안으로
넣어 올려 접으세요.

45 앞뒤 모두 뒤로
접으세요.

46 안으로 접어 넣으세요.

47 겹쳐 접기로 내려 접으세요.

48 앞뒤 모두 계단접기로
내려 접으세요.

49 안쪽으로 접기 하세요.

50 펼치세요.

51 접었다 펴세요.

52 접었다 펴세요.

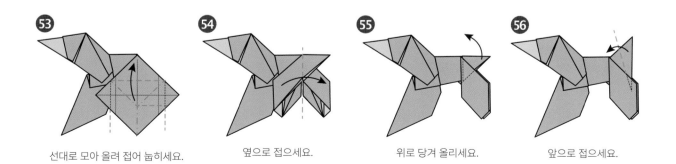

53 선대로 모아 올려 접어 눕히세요.

54 옆으로 접으세요.

55 위로 당겨 올리세요.

56 앞으로 접으세요.

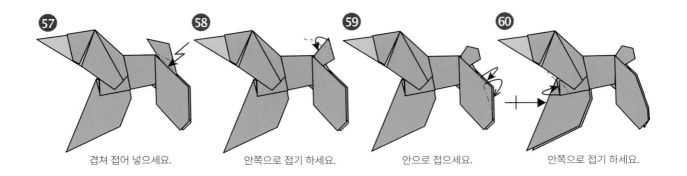

57 겹쳐 접어 넣으세요.

58 안쪽으로 접기 하세요.

59 안으로 접으세요.

60 안쪽으로 접기 하세요.

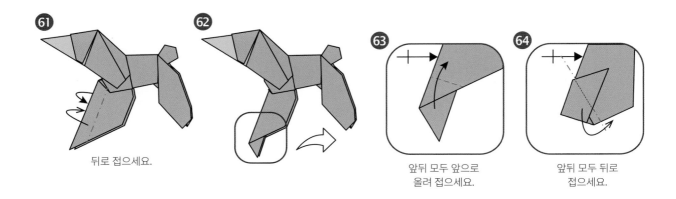

61 뒤로 접으세요.

62

63 앞뒤 모두 앞으로 올려 접으세요.

64 앞뒤 모두 뒤로 접으세요.

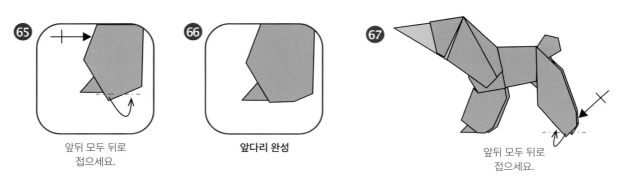

65 앞뒤 모두 뒤로 접으세요.

66 **앞다리 완성**

67 앞뒤 모두 뒤로 접으세요.

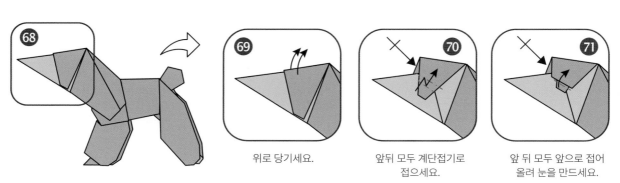

68

69 위로 당기세요.

70 앞뒤 모두 계단접기로 접으세요.

71 앞 뒤 모두 앞으로 접어 올려 눈을 만드세요.

입체 계단접기 하세요.

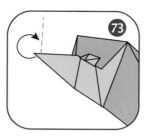

밖으로 뒤집어 접기 하세요.

안쪽으로 접기 하세요.

안으로 넣으세요.

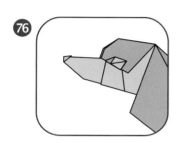

머리 완성

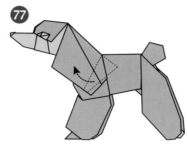

안쪽 부분을 위로 올려
접으세요.

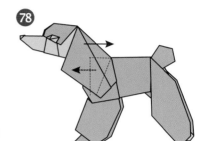

머리를 뒤로 당기세요.

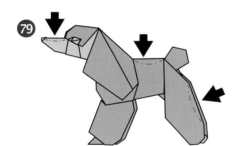

코, 등, 뒷다리 부분을
다듬어 정리하세요.

완성

푸들 전개도

강아지 접기

시베리안 허스키

Siberian Husky

⚜ 심사작품

종이 | 《다물 클래식-매트》15㎝ 이상

접기 과정 중 평평하지 않은 상태에서
접는 과정이 많은 작품입니다.
중간 단계에서는 평평하지 않으나 접고 나면
평평해지는 구조와 과정을 경험해 보세요.

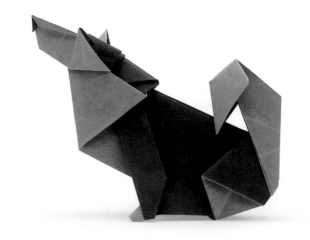

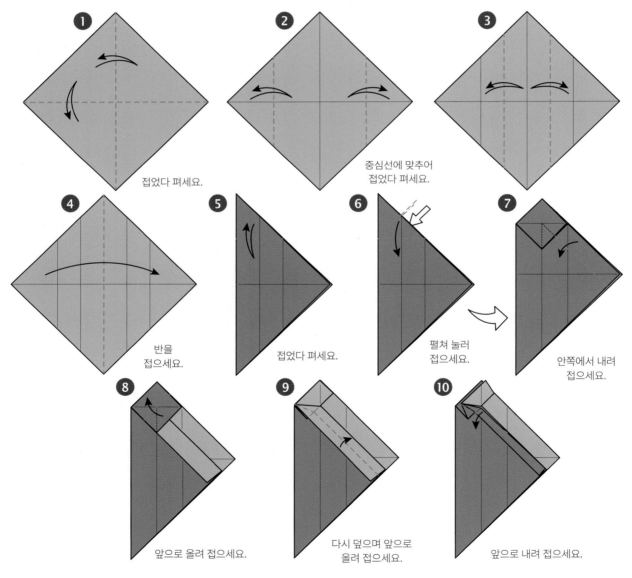

① 접었다 펴세요.

② 접었다 펴세요.

③ 중심선에 맞추어
접었다 펴세요.

④ 반을
접으세요.

⑤ 접었다 펴세요.

⑥ 펼쳐 눌러
접으세요.

⑦ 안쪽에서 내려
접으세요.

⑧ 앞으로 올려 접으세요.

⑨ 다시 덮으며 앞으로
올려 접으세요.

⑩ 앞으로 내려 접으세요.

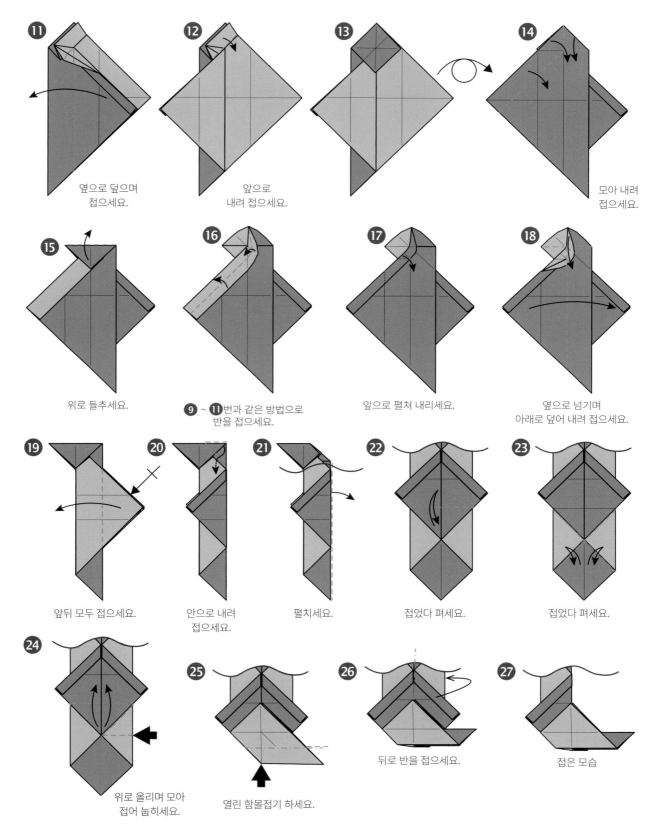

11 옆으로 덮으며
접으세요.

12 앞으로
내려 접으세요.

13

14 모아 내려
접으세요.

15 위로 들추세요.

16 **9** ~ **11**번과 같은 방법으로
반을 접으세요.

17 앞으로 펼쳐 내리세요.

18 옆으로 넘기며
아래로 덮어 내려 접으세요.

19 앞뒤 모두 접으세요.

20 안으로 내려
접으세요.

21 펼치세요.

22 접었다 펴세요.

23 접었다 펴세요.

24 위로 올리며 모아
접어 눕히세요.

25 열린 함몰접기 하세요.

26 뒤로 반을 접으세요.

27 접은 모습

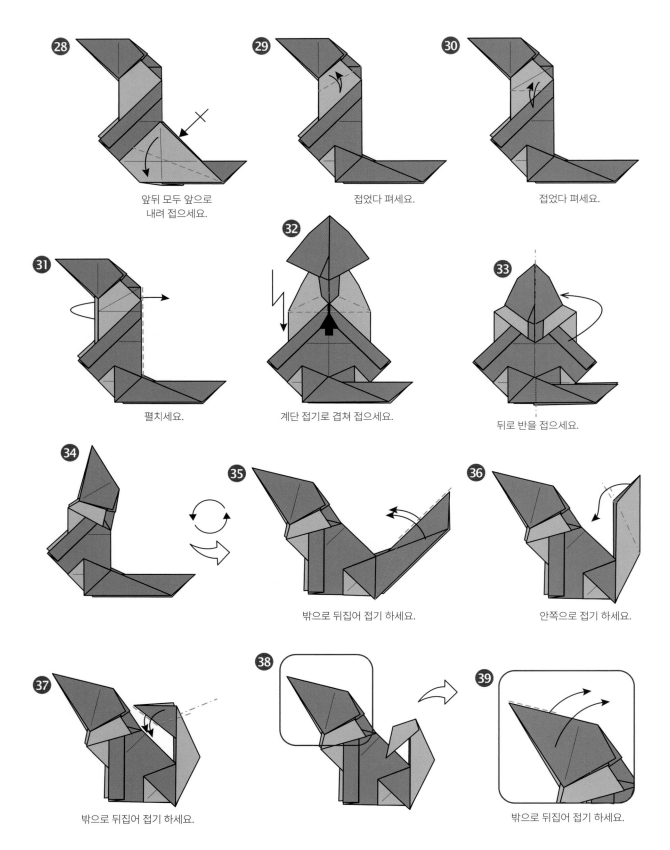

28 앞뒤 모두 앞으로
내려 접으세요.

29 접었다 펴세요.

30 접었다 펴세요.

31 펼치세요.

32 계단 접기로 겹쳐 접으세요.

33 뒤로 반을 접으세요.

34

35 밖으로 뒤집어 접기 하세요.

36 안쪽으로 접기 하세요.

37 밖으로 뒤집어 접기 하세요.

38

39 밖으로 뒤집어 접기 하세요.

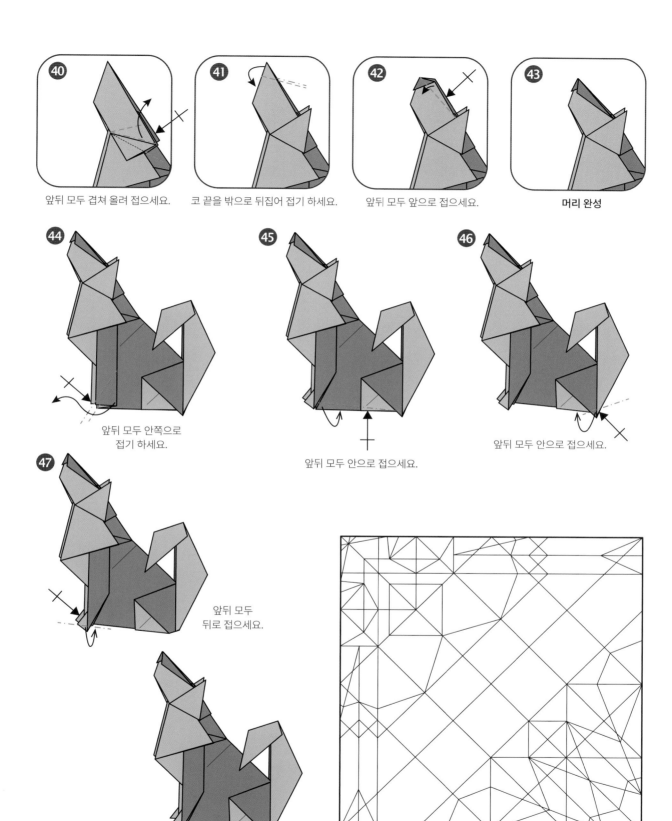

40 앞뒤 모두 겹쳐 올려 접으세요.

41 코 끝을 밖으로 뒤집어 접기 하세요.

42 앞뒤 모두 앞으로 접으세요.

43 머리 완성

44 앞뒤 모두 안쪽으로 접기 하세요.

45 앞뒤 모두 안으로 접으세요.

46 앞뒤 모두 안으로 접으세요.

47 앞뒤 모두 뒤로 접으세요.

완성

시베리안 허스키 전개도

고양이 접기
귀여운 고양이
Cute Cat

종이 | 《다물 클래식-매트》15㎝

귀여운 모습의 동물접기는 주로 얼굴을
귀엽게 표현합니다. 특히 접히는 비율에 따라
귀여운 모습이 다양하게 표현되므로 여러 가지
비율로 접어보며 귀여운 모습을 찾아내는 것이 중요합니다.
개성 있는 얼굴을 찾아보길 바랍니다.

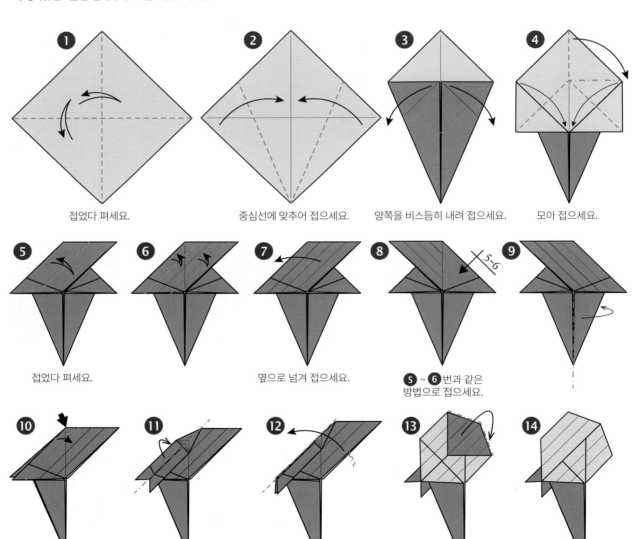

① 접었다 펴세요.

② 중심선에 맞추어 접으세요.

③ 양쪽을 비스듬히 내려 접으세요.

④ 모아 접으세요.

⑤ 접었다 펴세요.

⑥

⑦ 옆으로 넘겨 접으세요.

⑧ 5-6

⑨

⑤ ~ ⑥번과 같은
방법으로 접으세요.

⑩ 펼쳐 눌러 접으세요.

⑪ 뒤로 접으세요.

⑫ 펼쳐 눌러 접으세요.

⑬ 밖으로 뒤집어 접기 하세요.

⑭ 접은 모습

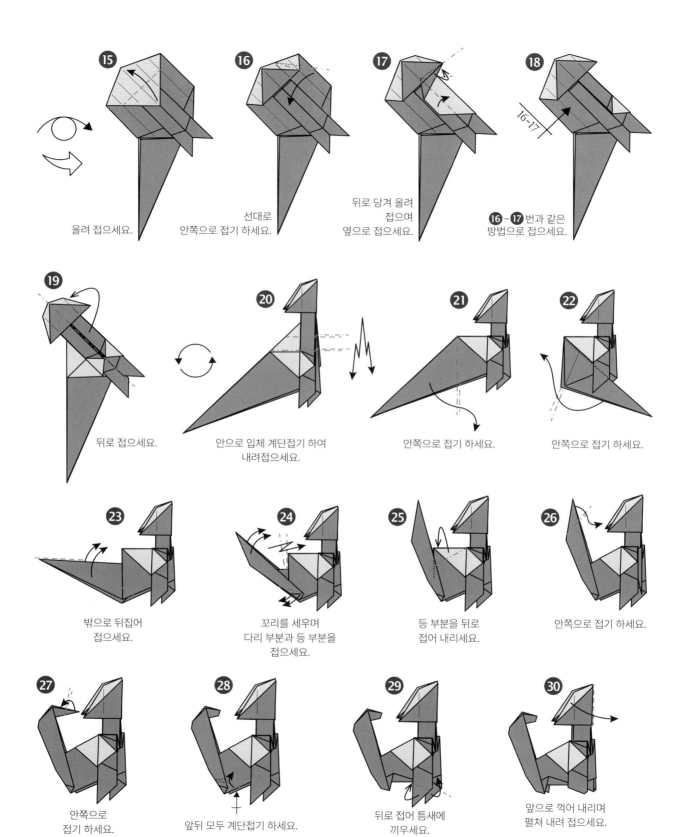

15 올려 접으세요.

16 선대로 안쪽으로 접기 하세요.

17 뒤로 당겨 올려 접으며 옆으로 접으세요.

18 16~17 번과 같은 방법으로 접으세요.

16-17

19 뒤로 접으세요.

20 안으로 입체 계단접기 하여 내려접으세요.

21 안쪽으로 접기 하세요.

22 안쪽으로 접기 하세요.

23 밖으로 뒤집어 접으세요.

24 꼬리를 세우며 다리 부분과 등 부분을 접으세요.

25 등 부분을 뒤로 접어 내리세요.

26 안쪽으로 접기 하세요.

27 안쪽으로 접기 하세요.

28 앞뒤 모두 계단접기 하세요.

29 뒤로 접어 틈새에 끼우세요.

30 앞으로 꺾어 내리며 펼쳐 내려 접으세요.

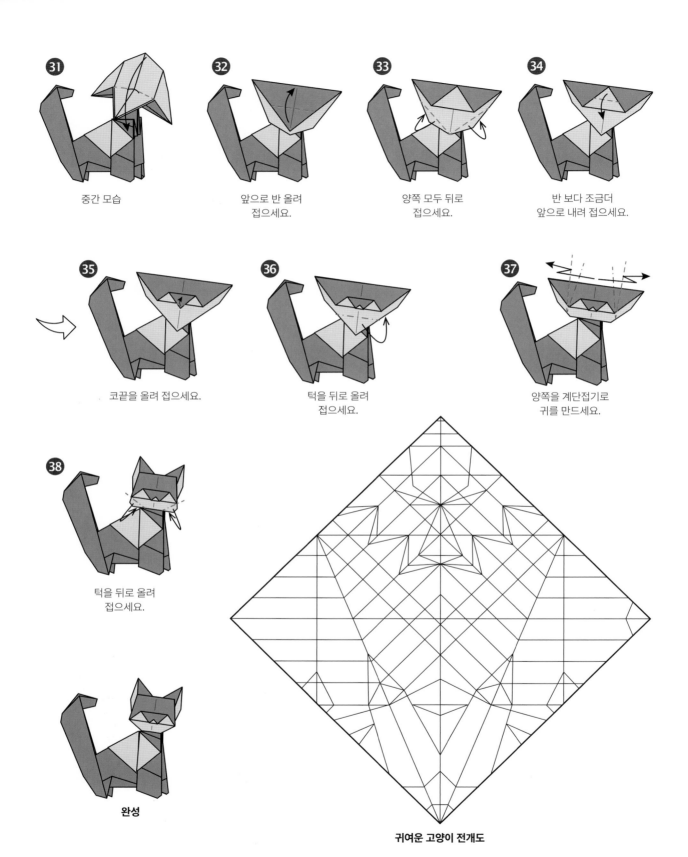

31 중간 모습

32 앞으로 반 올려
접으세요.

33 양쪽 모두 뒤로
접으세요.

34 반 보다 조금더
앞으로 내려 접으세요.

35 코끝을 올려 접으세요.

36 턱을 뒤로 올려
접으세요.

37 양쪽을 계단접기로
귀를 만드세요.

38 턱을 뒤로 올려
접으세요.

완성

귀여운 고양이 전개도

고양이 접기
매혹적인 고양이
Charming Cat

⚜ 심사작품

종이 | 《다물 클래식-매트》 30㎝

대부분의 종이접기선은 직선으로 이루어집니다.
아름다운 곡선을 만들기 위해서 Wet folding을
하지만 사용되는 종이에 따라 Wet folding을
할 수 없는 경우가 있습니다.
이번 작품에서는 눈의 표현을 곡선으로 하여
매혹적인 고양이를 만들어 보았습니다.
곡선과 직선의 조화로운 사용을 경험해 봅시다.

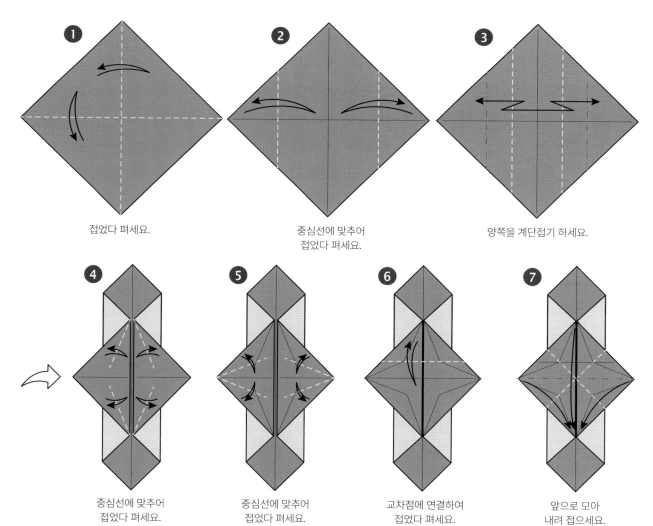

❶ 접었다 펴세요.

❷ 중심선에 맞추어
접었다 펴세요.

❸ 양쪽을 계단접기 하세요.

❹ 중심선에 맞추어
접었다 펴세요.

❺ 중심선에 맞추어
접었다 펴세요.

❻ 교차점에 연결하여
접었다 펴세요.

❼ 앞으로 모아
내려 접으세요.

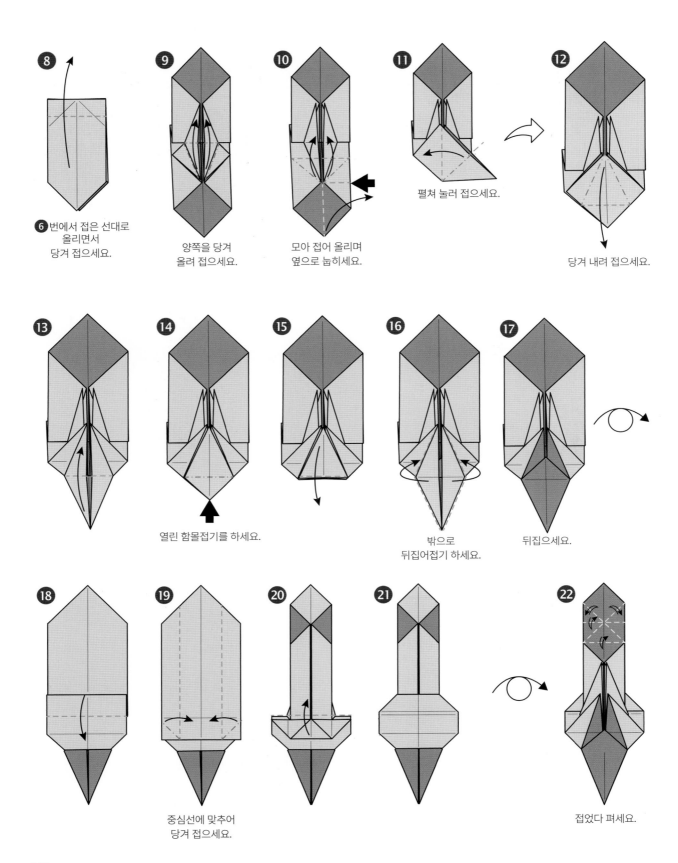

8 ⑥번에서 접은 선대로
올리면서
당겨 접으세요.

9 양쪽을 당겨
올려 접으세요.

10 모아 접어 올리며
옆으로 눕히세요.

11 펼쳐 눌러 접으세요.

12 당겨 내려 접으세요.

13

14 열린 함몰접기를 하세요.

15

16 밖으로
뒤집어접기 하세요.

17 뒤집으세요.

18

19 중심선에 맞추어
당겨 접으세요.

20

21

22 접었다 펴세요.

146

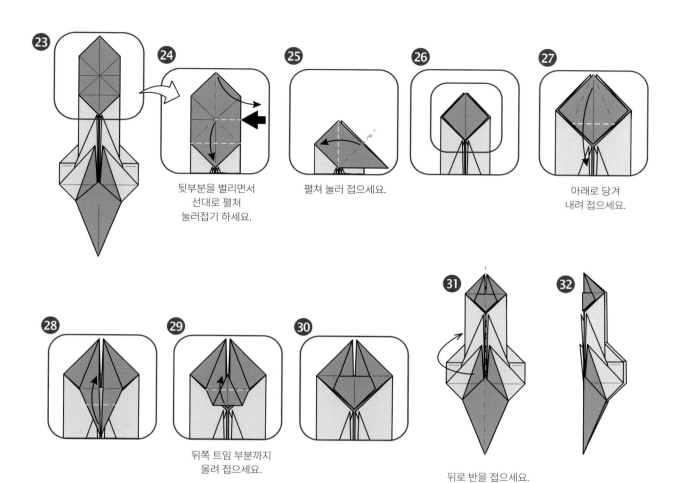

24 뒷부분을 벌리면서
선대로 펼쳐
눌러접기 하세요.

25 펼쳐 눌러 접으세요.

27 아래로 당겨
내려 접으세요.

29 뒤쪽 트임 부분까지
올려 접으세요.

31 뒤로 반을 접으세요.

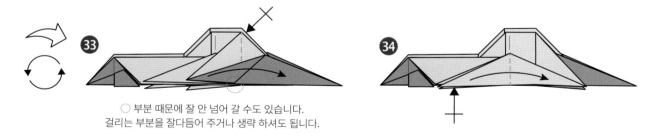

○ 부분 때문에 잘 안 넘어 갈 수도 있습니다.
걸리는 부분을 잘다듬어 주거나 생략 하셔도 됩니다.

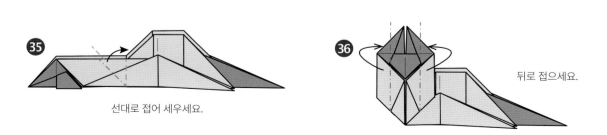

35 선대로 접어 세우세요.

36 뒤로 접으세요.

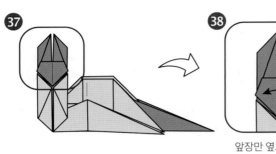

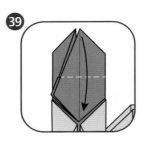

앞장만 옆으로 넘기세요.

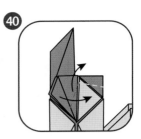

비틀어 접어 올리면서
옆으로 옮기세요.

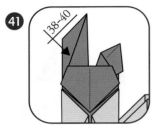

38 ~ 40 번과 같은 방법으로
접으세요.

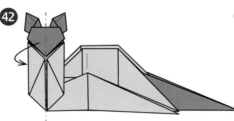

뒤로 접으세요.

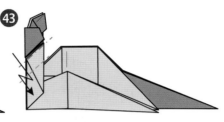

계단접기로 접어
내렸다가 다시 펴세요.

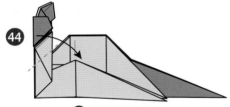

43 번 선 중 아래 선을
앞으로 내려 접으세요.

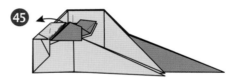

머리 뒷부분을 펼치며
43 번 윗선대로 세워 접으세요.

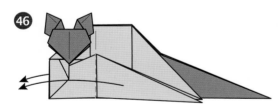

앞뒤 앞다리를 옆으로 넘기세요.

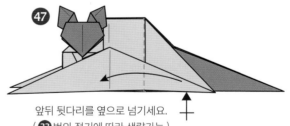

앞뒤 뒷다리를 옆으로 넘기세요.
(33 번의 접기에 따라 생략가능)

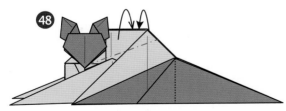

앞뒤 모두 안으로 접어 넣으세요.

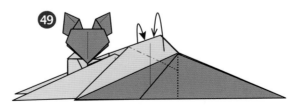

앞뒤 모두 안으로 접어 넣으세요.

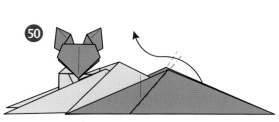

50 안쪽으로 접어 올리세요.

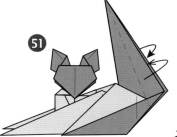

51 앞뒤 모두 안으로 접어 넣으세요.

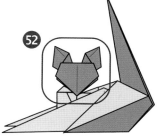

52 머리를 다듬으세요.

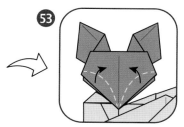

53 본 작품의 가장 중요한 포인트 입니다.
앞 장과 뒷장을 둥글게 굴려 둥근 눈을
입체적으로 표현하세요.

54

55 꼬리를 둥글게 표현하세요.
둥근 눈과 꼬리 그리고 직선의 다리와
몸체가 조화로운 작품을 구현해 보세요.

완성

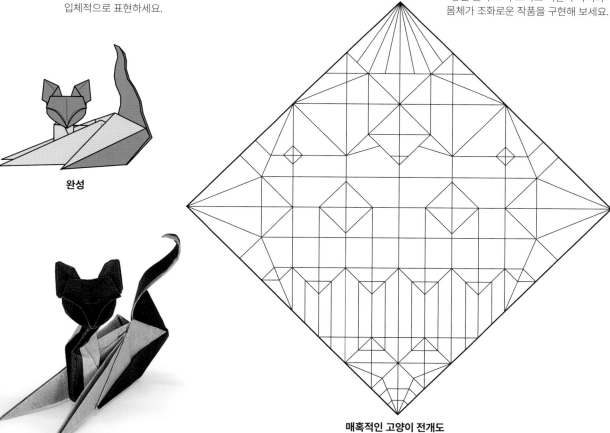

매혹적인 고양이 전개도

149

새접기
거위
Goose

종이 | 《단면 색종이》 15㎝ 이상

거위의 특징은 부리가 짧으며
오릿과의 특징인 물갈퀴가 있는
모습을 잘 살린 작품입니다.
앞뒤 흰 종이에 부리 부분만
노란색 종이를 붙여 접기도 합니다.

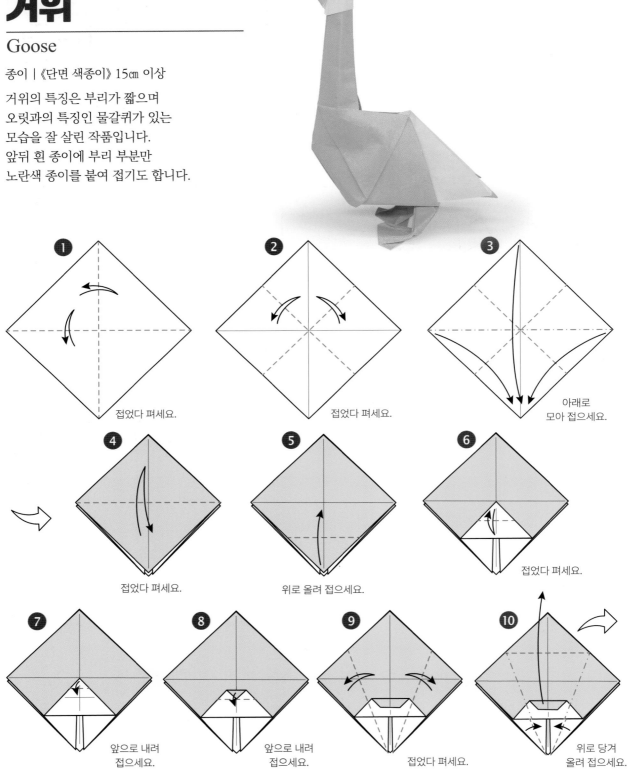

① 접었다 펴세요.

② 접었다 펴세요.

③ 아래로 모아 접으세요.

④ 접었다 펴세요.

⑤ 위로 올려 접으세요.

⑥ 접었다 펴세요.

⑦ 앞으로 내려 접으세요.

⑧ 앞으로 내려 접으세요.

⑨ 접었다 펴세요.

⑩ 위로 당겨 올려 접으세요.

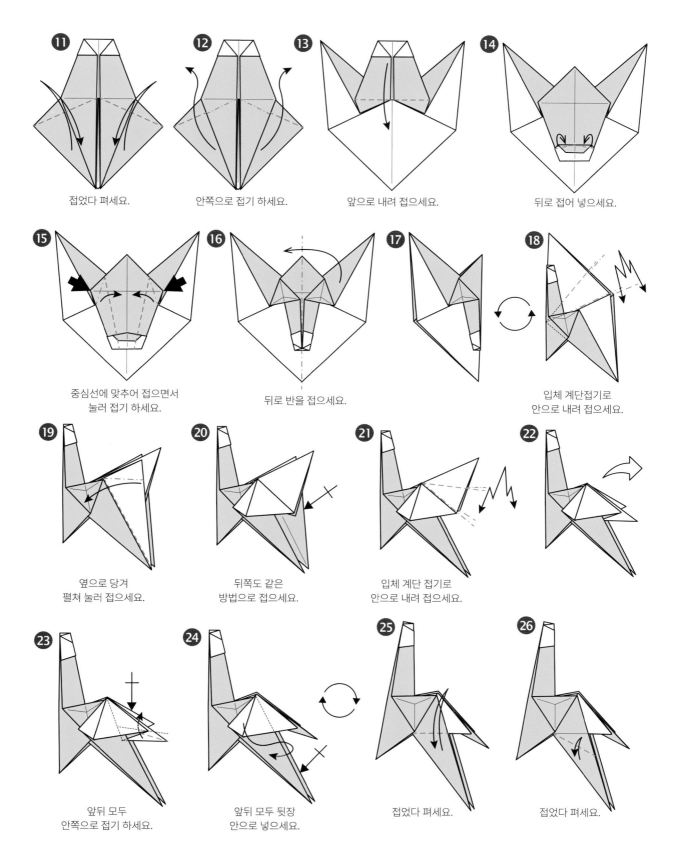

⑪ 접었다 펴세요.

⑫ 안쪽으로 접기 하세요.

⑬ 앞으로 내려 접으세요.

⑭ 뒤로 접어 넣으세요.

⑮ 중심선에 맞추어 접으면서
눌러 접기 하세요.

⑯ 뒤로 반을 접으세요.

⑰

⑱ 입체 계단접기로
안으로 내려 접으세요.

⑲ 옆으로 당겨
펼쳐 눌러 접으세요.

⑳ 뒤쪽도 같은
방법으로 접으세요.

㉑ 입체 계단 접기로
안으로 내려 접으세요.

㉒

㉓ 앞뒤 모두
안쪽으로 접기 하세요.

㉔ 앞뒤 모두 뒷장
안으로 넣으세요.

㉕ 접었다 펴세요.

㉖ 접었다 펴세요.

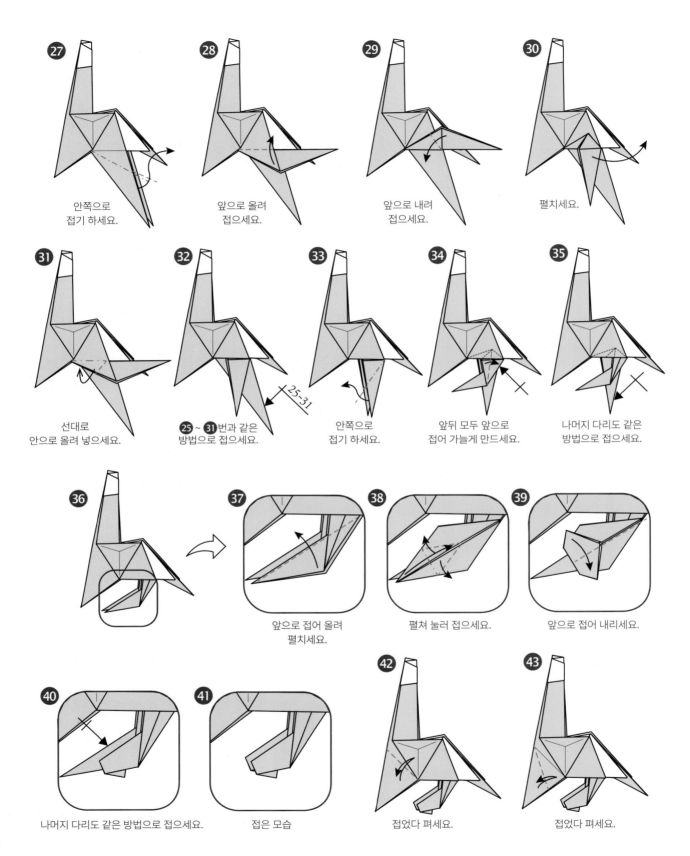

27 안쪽으로
접기 하세요.

28 앞으로 올려
접으세요.

29 앞으로 내려
접으세요.

30 펼치세요.

31 선대로
안으로 올려 넣으세요.

32 25 ~ 31번과 같은
방법으로 접으세요.
25-31

33 안쪽으로
접기 하세요.

34 앞뒤 모두 앞으로
접어 가늘게 만드세요.

35 나머지 다리도 같은
방법으로 접으세요.

36

37 앞으로 접어 올려
펼치세요.

38 펼쳐 눌러 접으세요.

39 앞으로 접어 내리세요.

40 나머지 다리도 같은 방법으로 접으세요.

41 접은 모습

42 접었다 펴세요.

43 접었다 펴세요.

44 안쪽으로 접기 하세요.

45 앞으로 접어 올려 넣으세요.

46 입체가 되도록 꺾으세요.

47 안쪽으로 접기 하세요.

48 안쪽으로 접기 하세요.

49 안쪽으로 접기 하세요.

50 앞뒤 모두 뒤로 접어 넣으세요.

51 안쪽 부분을 앞으로 빼내세요.

52 앞뒤 모두 눈을 접으세요.

53 다리의 앞뒤 모두 앞으로 접어 올리세요.

54 나머지 다리도 같은 방법으로 접으세요.

55 다리 모두 눌러 평평하게 만드세요.

56 목을 가늘게 만들어 입체로 만드세요.

완성

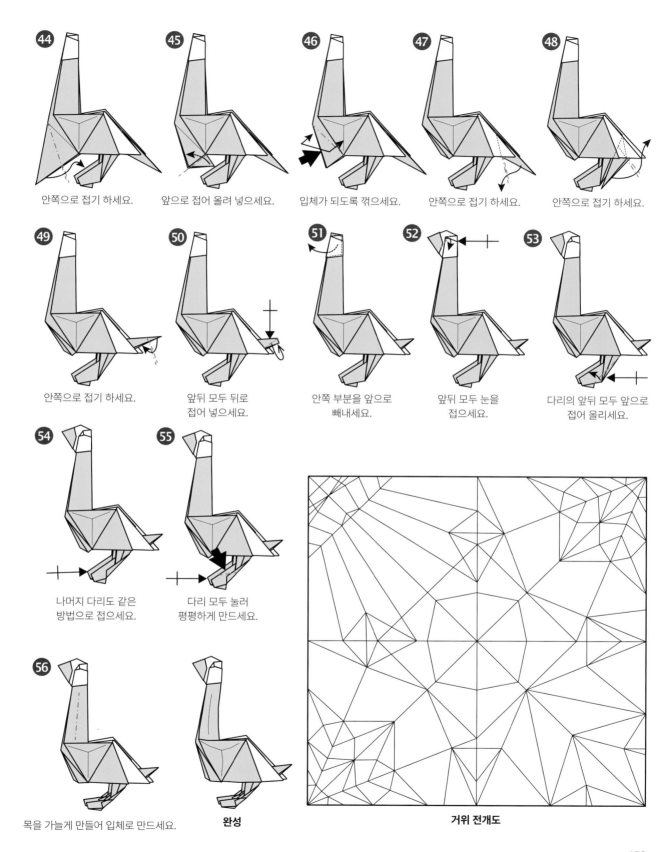

거위 전개도

비둘기

🌸 심사작품

Dove

종이 | 《다물 클래식-매트》 30㎝

사각주머니접기 기본형의 응용작품으로
사각주머니접기 후 학접기와 꽃접기를
응용하여 접습니다.

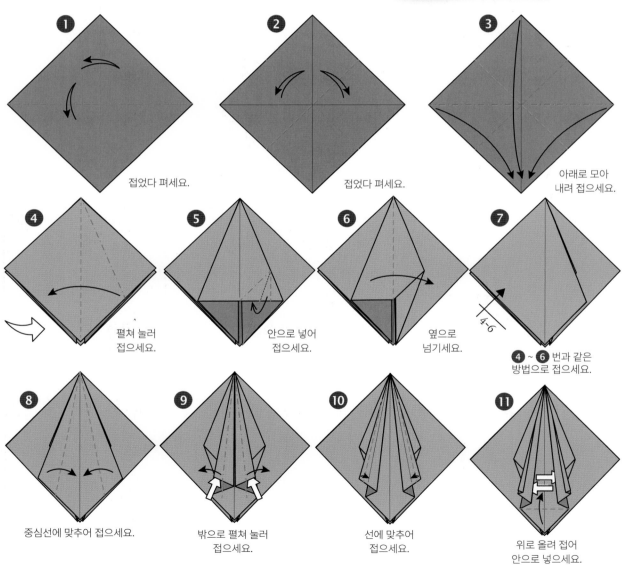

① 접었다 펴세요.

② 접었다 펴세요.

③ 아래로 모아
내려 접으세요.

④ 펼쳐 눌러
접으세요.

⑤ 안으로 넣어
접으세요.

⑥ 옆으로
넘기세요.

⑦ 4~6
④ ~ ⑥ 번과 같은
방법으로 접으세요.

⑧ 중심선에 맞추어 접으세요.

⑨ 밖으로 펼쳐 눌러
접으세요.

⑩ 선에 맞추어
접으세요.

⑪ 위로 올려 접어
안으로 넣으세요.

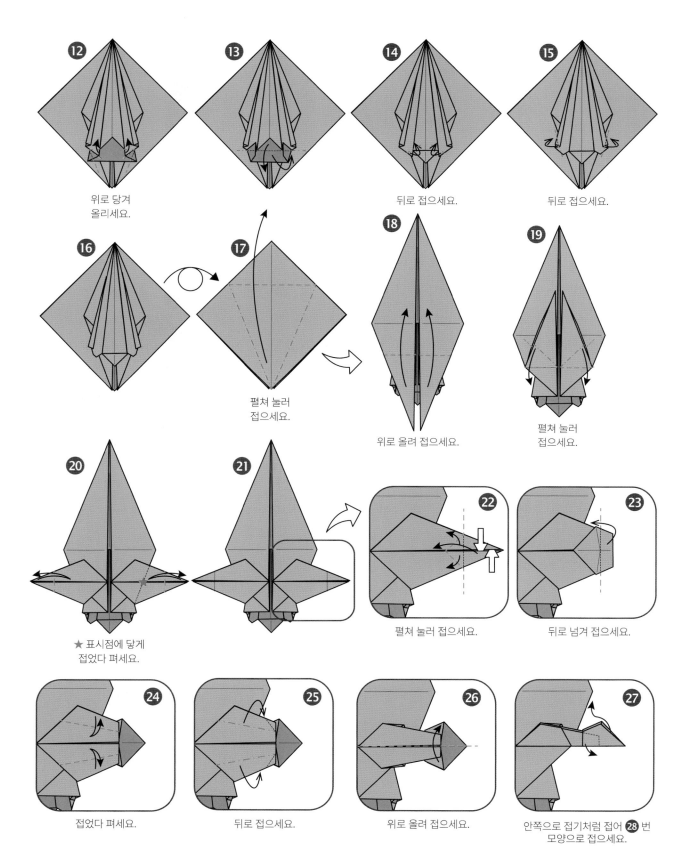

⑫ 위로 당겨
올리세요.

⑬

⑭ 뒤로 접으세요.

⑮ 뒤로 접으세요.

⑯

⑰ 펼쳐 눌러
접으세요.

⑱ 위로 올려 접으세요.

⑲ 펼쳐 눌러
접으세요.

⑳ ★ 표시점에 닿게
접었다 펴세요.

㉑

㉒ 펼쳐 눌러 접으세요.

㉓ 뒤로 넘겨 접으세요.

㉔ 접었다 펴세요.

㉕ 뒤로 접으세요.

㉖ 위로 올려 접으세요.

㉗ 안쪽으로 접기처럼 접어 **28** 번
모양으로 접으세요.

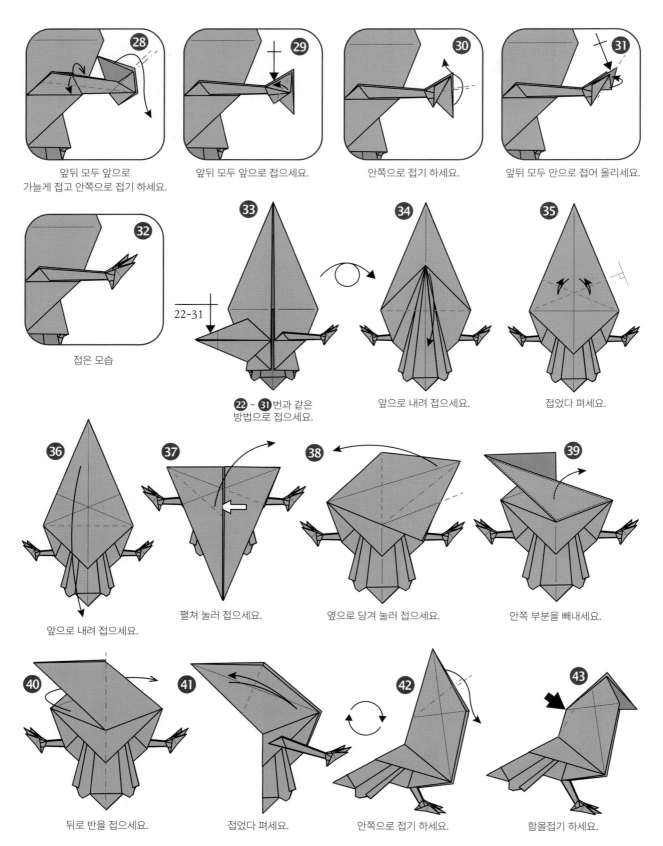

앞뒤 모두 앞으로
가늘게 접고 안쪽으로 접기 하세요.

앞뒤 모두 앞으로 접으세요.

안쪽으로 접기 하세요.

앞뒤 모두 안으로 접어 올리세요.

접은 모습

22~31

㉒ ~ ㉛번과 같은
방법으로 접으세요.

앞으로 내려 접으세요.

접었다 펴세요.

앞으로 내려 접으세요.

펼쳐 눌러 접으세요.

옆으로 당겨 눌러 접으세요.

안쪽 부분을 빼내세요.

뒤로 반을 접으세요.

접었다 펴세요.

안쪽으로 접기 하세요.

함몰접기 하세요.

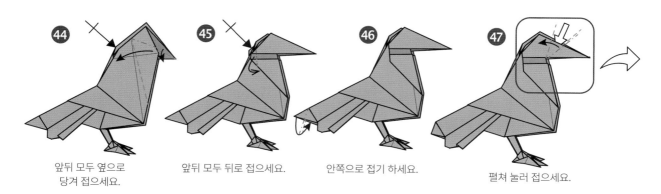

앞뒤 모두 옆으로
당겨 접으세요.

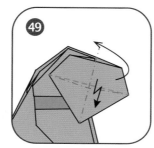

앞뒤 모두 뒤로 접으세요.

안쪽으로 접기 하세요.

펼쳐 눌러 접으세요.

펼쳐 눌러 접으세요.

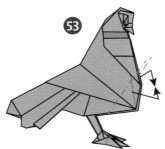

비스듬히 계단접기를 하며
뒤로 반을 접으세요.

50

입체 계단접기를 하세요.

51

앞뒤 모두 앞으로 접으세요.

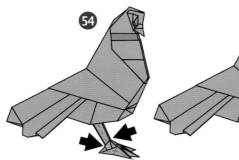

끌어 당겨
펼쳐 눌러 접으세요.

가슴 부분을 꺾어 서로
겹치세요.

54

발 부분을 얇게 만드세요.

완성

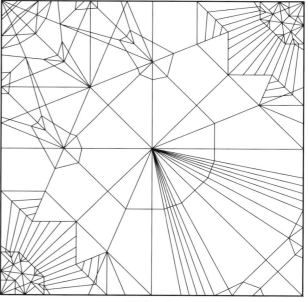

비둘기 전개도

슈빌

🌸 심사작품

Shoebill

종이 | 《다물 클래식-매트》 30㎝

동물접기는 동물의 특징을 얼마나 표현하는지가
중요합니다. 슈빌은 부위마다
특별한 특징적인 형태를 가진 동물입니다.
접기 전에 많은 사진 자료를 검색하여 충분히
형태적 특징을 이해하고 접기 시작하세요.

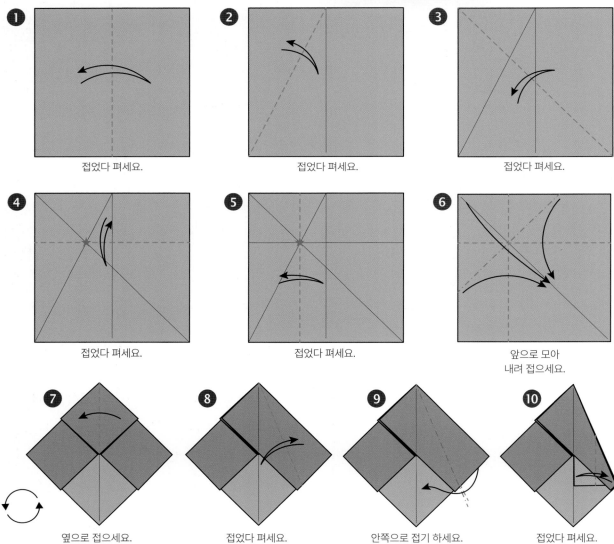

① 접었다 펴세요.

② 접었다 펴세요.

③ 접었다 펴세요.

④ 접었다 펴세요.

⑤ 접었다 펴세요.

⑥ 앞으로 모아
내려 접으세요.

⑦ 옆으로 접으세요.

⑧ 접었다 펴세요.

⑨ 안쪽으로 접기 하세요.

⑩ 접었다 펴세요.

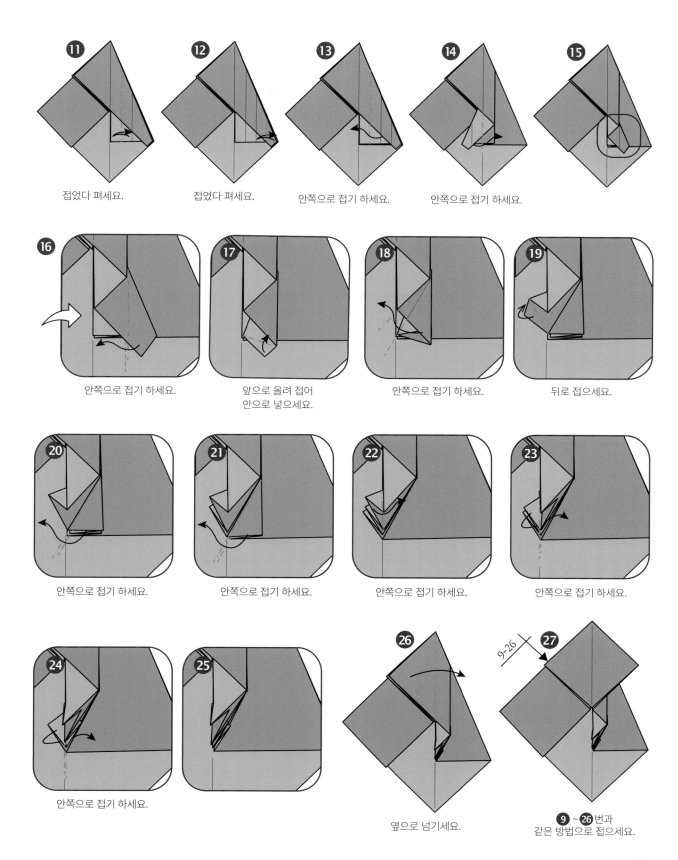

⓫ 접었다 펴세요.

⓬ 접었다 펴세요.

⓭ 안쪽으로 접기 하세요.

⓮ 안쪽으로 접기 하세요.

⓯

⓰ 안쪽으로 접기 하세요.

⓱ 앞으로 올려 접어
안으로 넣으세요.

⓲ 안쪽으로 접기 하세요.

⓳ 뒤로 접으세요.

⓴ 안쪽으로 접기 하세요.

㉑ 안쪽으로 접기 하세요.

㉒ 안쪽으로 접기 하세요.

㉓ 안쪽으로 접기 하세요.

㉔ 안쪽으로 접기 하세요.

㉕

㉖ 옆으로 넘기세요.

9-26 ㉗

❾ ~ ㉖번과
같은 방법으로 접으세요.

159

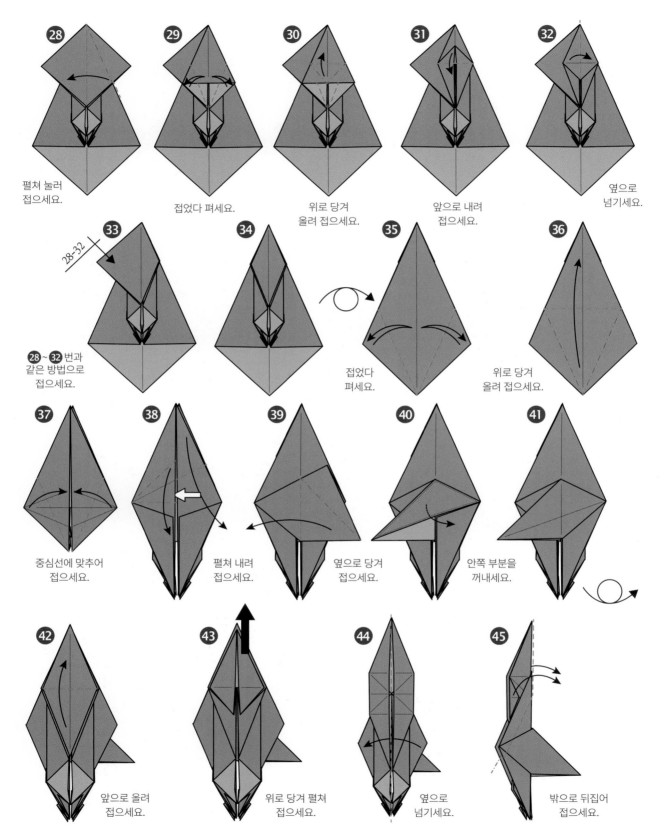

28 펼쳐 눌러
접으세요.

29 접었다 펴세요.

30 위로 당겨
올려 접으세요.

31 앞으로 내려
접으세요.

32 옆으로
넘기세요.

33 28-32
28 ~ 32 번과
같은 방법으로
접으세요.

34

35 접었다
펴세요.

36 위로 당겨
올려 접으세요.

37 중심선에 맞추어
접으세요.

38 펼쳐 내려
접으세요.

39 옆으로 당겨
접으세요.

40 안쪽 부분을
꺼내세요.

41

42 앞으로 올려
접으세요.

43 위로 당겨 펼쳐
접으세요.

44 옆으로
넘기세요.

45 밖으로 뒤집어
접으세요.

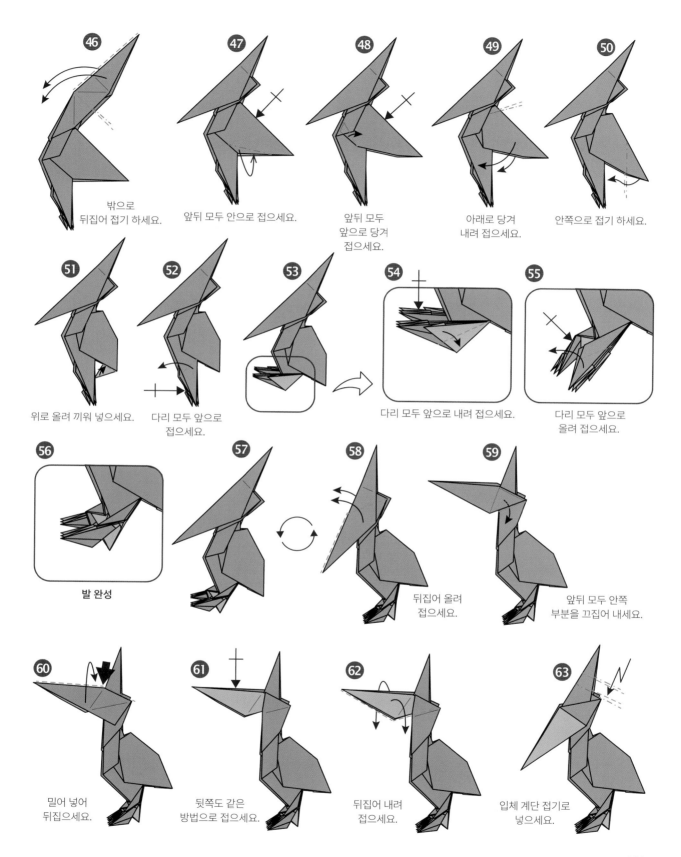

46 밖으로
뒤집어 접기 하세요.

47 앞뒤 모두 안으로 접으세요.

48 앞뒤 모두
앞으로 당겨
접으세요.

49 아래로 당겨
내려 접으세요.

50 안쪽으로 접기 하세요.

51 위로 올려 끼워 넣으세요.

52 다리 모두 앞으로
접으세요.

53

54 다리 모두 앞으로 내려 접으세요.

55 다리 모두 앞으로
올려 접으세요.

56 **발 완성**

57

58 뒤집어 올려
접으세요.

59 앞뒤 모두 안쪽
부분을 끄집어 내세요.

60 밀어 넣어
뒤집으세요.

61 뒷쪽도 같은
방법으로 접으세요.

62 뒤집어 내려
접으세요.

63 입체 계단 접기로
넣으세요.

161

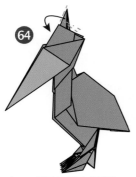

밖으로 뒤집어 접기 하세요.

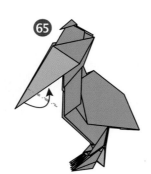

안쪽으로 접기 하세요.

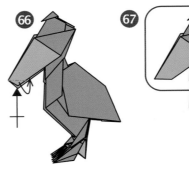

앞뒤 모두 안으로 넣어 접으세요.

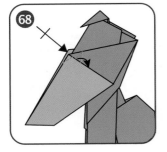

눈을 당겨 내려 접으세요.

앞뒤 모두 뒤로 접으세요.

머리 완성

등(날개) 부분을
아래로 당겨 내리세요.

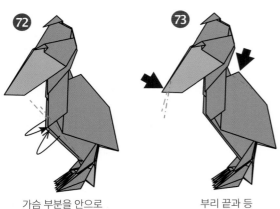

가슴 부분을 안으로
접으세요.

부리 끝과 등
부분을 접으세요.

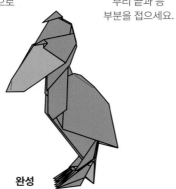

완성

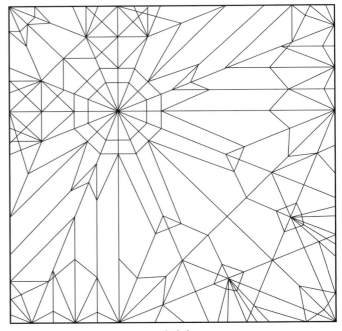

슈빌 전개도

공룡접기
티라노사우루스
Tyrannosaurus

종이 | 《다물 클래식-매트》 30㎝

짧고 작은 앞다리에 비해 길고 잘 발달한 뒷다리와
강한 꼬리를 잘 표현하여 창작하였습니다.

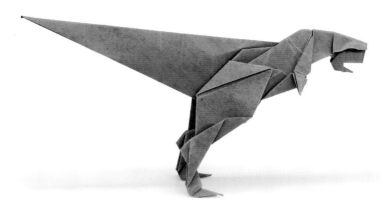

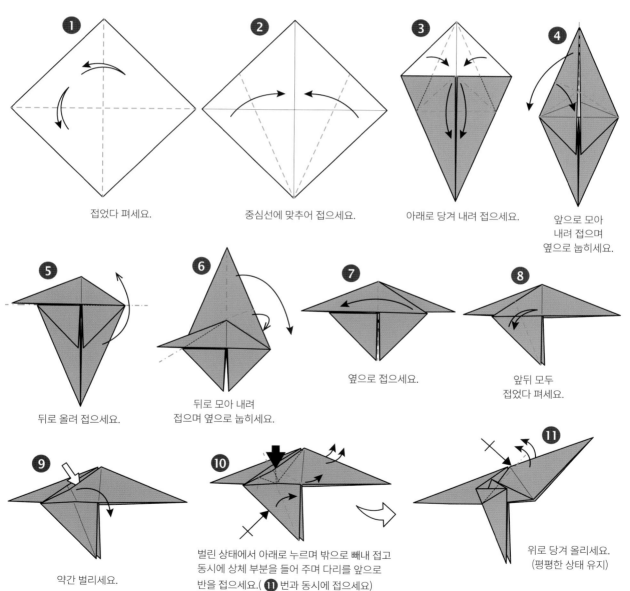

① 접었다 펴세요.

② 중심선에 맞추어 접으세요.

③ 아래로 당겨 내려 접으세요.

④ 앞으로 모아 내려 접으며 옆으로 눕히세요.

⑤ 뒤로 올려 접으세요.

⑥ 뒤로 모아 내려 접으며 옆으로 눕히세요.

⑦ 옆으로 접으세요.

⑧ 앞뒤 모두 접었다 펴세요.

⑨ 약간 벌리세요.

⑩ 벌린 상태에서 아래로 누르며 밖으로 빼내 접고 동시에 상체 부분을 들어 주며 다리를 앞으로 반을 접으세요.(⑪ 번과 동시에 접으세요)

⑪ 위로 당겨 올리세요. (평평한 상태 유지)

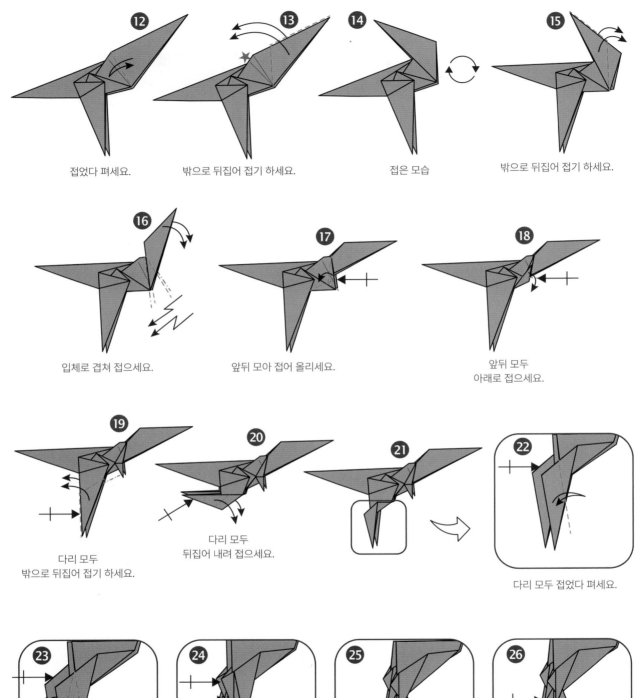

접었다 펴세요.

밖으로 뒤집어 접기 하세요.

접은 모습

밖으로 뒤집어 접기 하세요.

입체로 겹쳐 접으세요.

앞뒤 모아 접어 올리세요.

앞뒤 모두
아래로 접으세요.

다리 모두
밖으로 뒤집어 접기 하세요.

다리 모두
뒤집어 내려 접으세요.

다리 모두 접었다 펴세요.

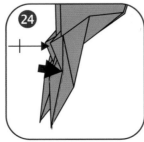

다리 모두 **24**번 그림 참조하여
접으세요.

다리 모두 눌러 접으세요.

다리 모두 안쪽으로 접기 하세요.

다리 모두 안으로 접어
빼내세요.

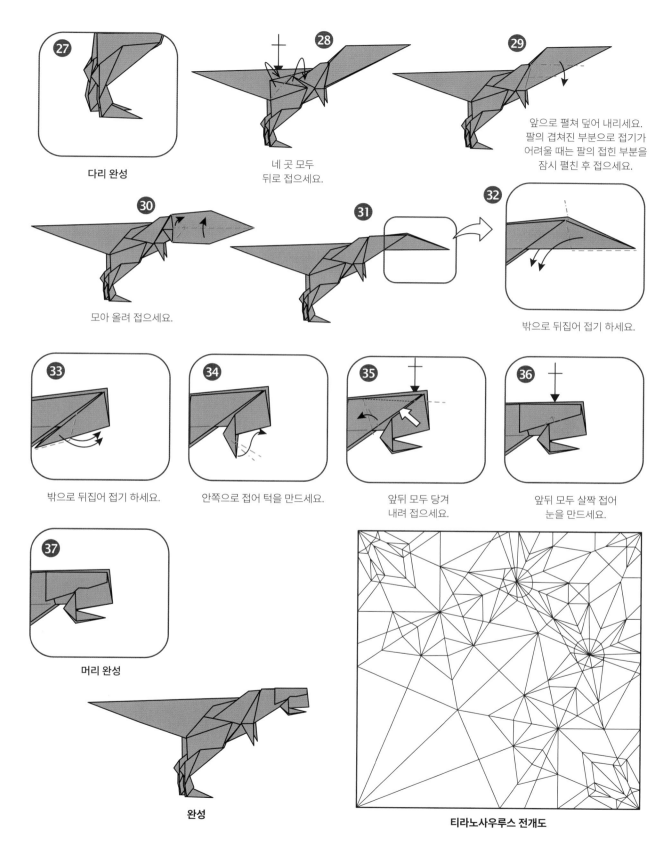

27 다리 완성

28 네 곳 모두 뒤로 접으세요.

29 앞으로 펼쳐 덮어 내리세요. 팔의 겹쳐진 부분으로 접기가 어려울 때는 팔의 접힌 부분을 잠시 펼친 후 접으세요.

30 모아 올려 접으세요.

31

32 밖으로 뒤집어 접기 하세요.

33 밖으로 뒤집어 접기 하세요.

34 안쪽으로 접어 턱을 만드세요.

35 앞뒤 모두 당겨 내려 접으세요.

36 앞뒤 모두 살짝 접어 눈을 만드세요.

37 머리 완성

완성

티라노사우루스 전개도

브론토사우루스
Brontosaurus

종이 | 《다물 클래식-매트》 30㎝

특징이 잘 표현된 작품으로 특히 긴 목을
어떠한 방법으로 종이를 안배하였는지
주의하여 봅니다.

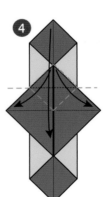
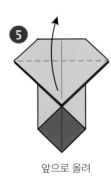

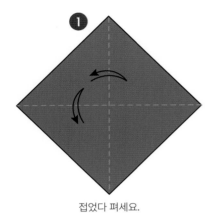

접었다 펴세요.

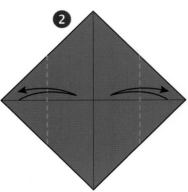

접었다 펴세요.

3 양쪽을 계단접기 하세요.

4 앞으로 펼쳐
눌러 접으세요.

5 앞으로 올려
접으세요.

양쪽을 겹쳐 내려
접으세요.

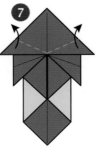

앞으로 올려
접으세요.

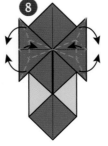

양쪽을 모아
접으세요.

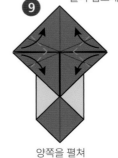

양쪽을 펼쳐
접으세요.

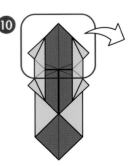

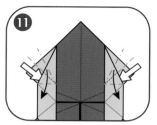

틈새를 펼쳐 눌러 접기 하세요.

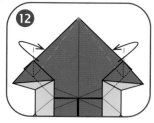

양쪽을 뒤로 당겨 접으세요.

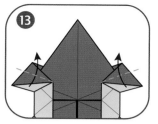

양쪽을 앞으로 올려 접으세요.

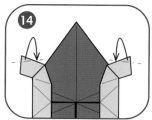

뒤로 접으세요.

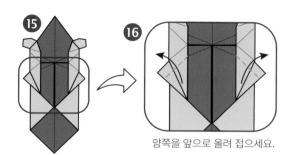

양쪽을 앞으로 올려 접으세요.

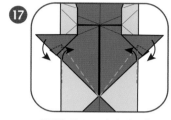

양쪽을 앞으로 당겨 접으세요.

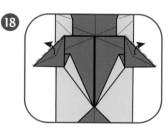

안쪽 부분을 꺼내세요.

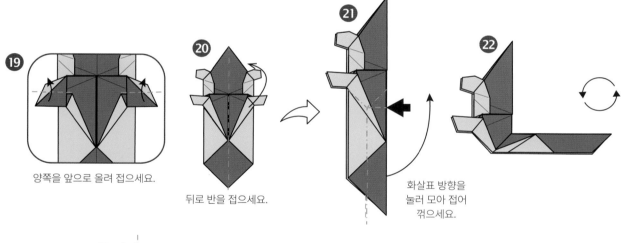

양쪽을 앞으로 올려 접으세요.

뒤로 반을 접으세요.

화살표 방향을 눌러 모아 접어 꺾으세요.

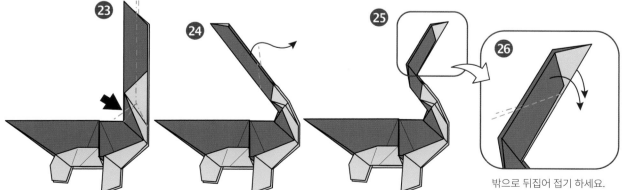

눌러 모아 접어 꺾으세요.

안쪽으로 접기 하세요.

밖으로 뒤집어 접기 하세요.

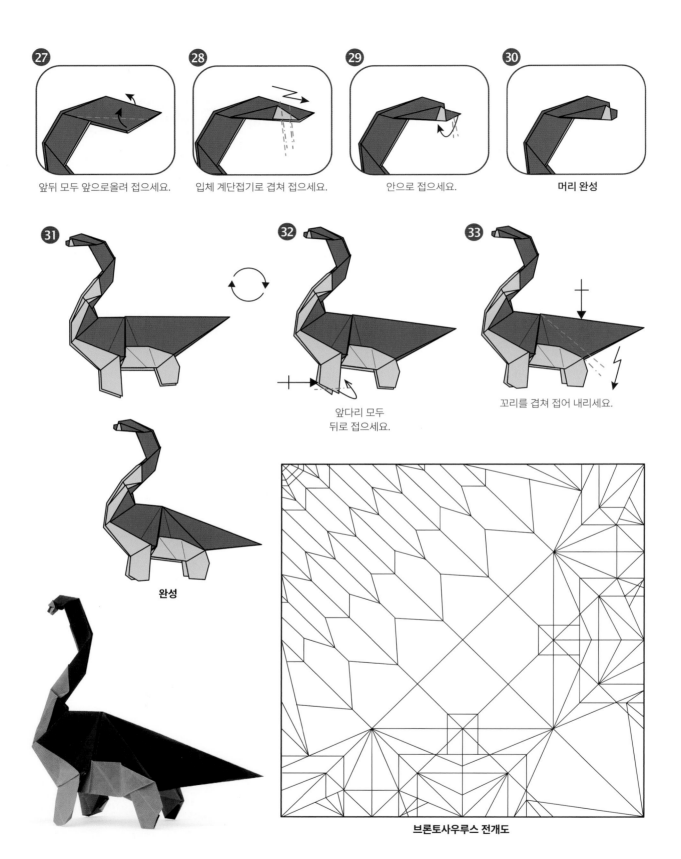

㉗ 앞뒤 모두 앞으로올려 접으세요.

㉘ 입체 계단접기로 겹쳐 접으세요.

㉙ 안으로 접으세요.

㉚ 머리 완성

㉛

㉜ 앞다리 모두
뒤로 접으세요.

㉝ 꼬리를 겹쳐 접어 내리세요.

완성

브론토사우루스 전개도

공룡접기

프테라노돈

🌸 심사작품

Pteranodon

종이 |《다물 클래식-매트》30㎝

비대칭 사각주머니접기 기본형을 응용하여
큰 날개와 머리 뒤로 뾰족하게 튀어나온 볏을
가진 프테라노돈을 표현하였습니다.

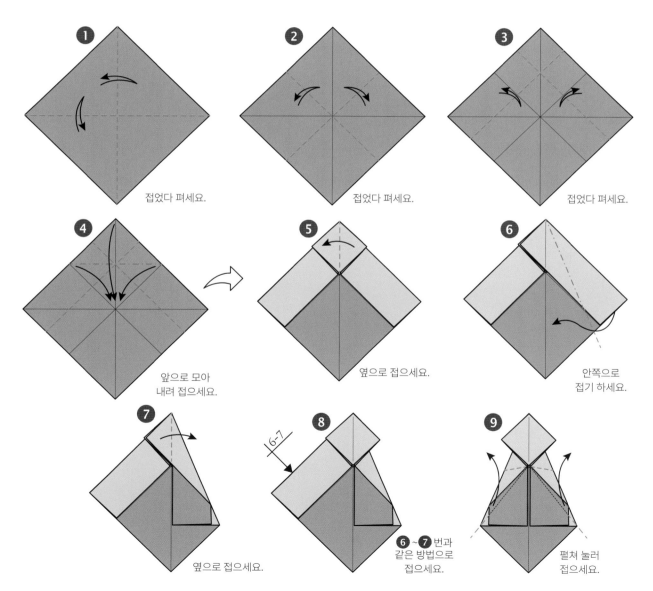

❶ 접었다 펴세요.

❷ 접었다 펴세요.

❸ 접었다 펴세요.

❹ 앞으로 모아
내려 접으세요.

❺ 옆으로 접으세요.

❻ 안쪽으로
접기 하세요.

❼ 옆으로 접으세요.

❽ 6~7 ❻~❼번과
같은 방법으로
접으세요.

❾ 펼쳐 눌러
접으세요.

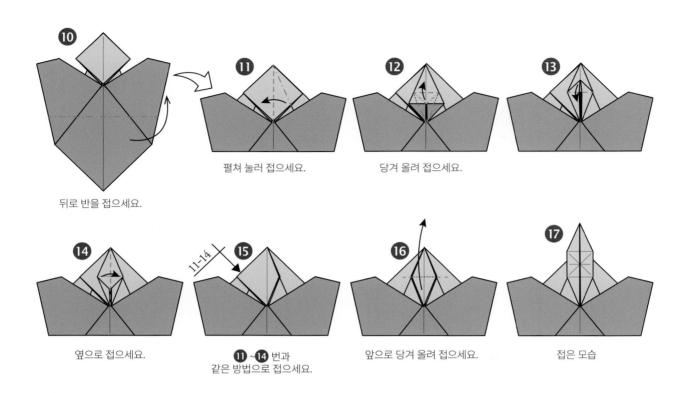

뒤로 반을 접으세요.

펼쳐 눌러 접으세요.

당겨 올려 접으세요.

옆으로 접으세요.

11-14

⓫ ~ ⓮ 번과
같은 방법으로 접으세요.

앞으로 당겨 올려 접으세요.

접은 모습

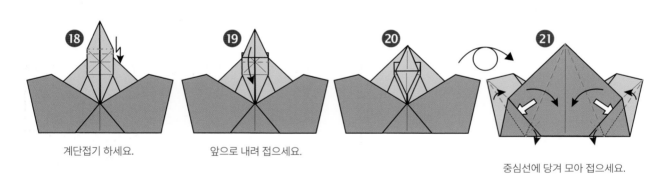

계단접기 하세요.

앞으로 내려 접으세요.

중심선에 당겨 모아 접으세요.

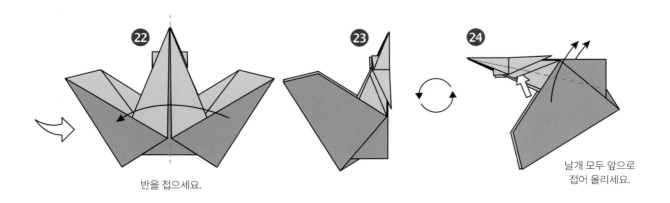

반을 접으세요.

날개 모두 앞으로
접어 올리세요.

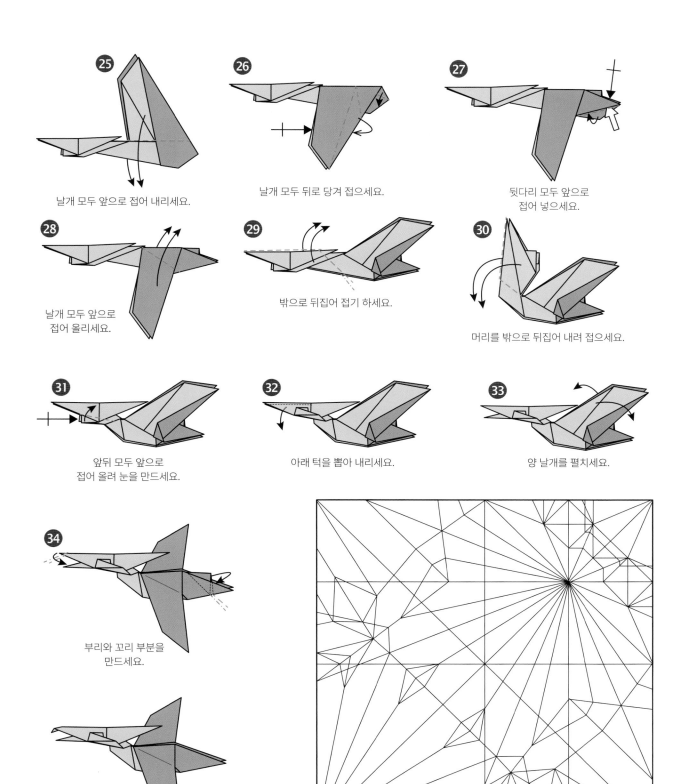

㉕ 날개 모두 앞으로 접어 내리세요.

㉖ 날개 모두 뒤로 당겨 접으세요.

㉗ 뒷다리 모두 앞으로
접어 넣으세요.

㉘ 날개 모두 앞으로
접어 올리세요.

㉙ 밖으로 뒤집어 접기 하세요.

㉚ 머리를 밖으로 뒤집어 내려 접으세요.

㉛ 앞뒤 모두 앞으로
접어 올려 눈을 만드세요.

㉜ 아래 턱을 뽑아 내리세요.

㉝ 양 날개를 펼치세요.

㉞ 부리와 꼬리 부분을
만드세요.

완성

프테라노돈 전개도

우리나라 종이접기·
종이문화 부활 재창조 운동

노영혜 이사장

(재)종이문화재단·세계종이접기연합 노영혜 이사장은 주식회사 종이나라(1972년 설립) 기업의 사회적 책임문화 예술활동을 실현하기 위해 종이문화가 폐허였던 1987년, 한국종이접기협회(KOREA JONG IE JUPGI ASSOCIATION)설립을 제창하고 한국 종이접기문화 부활 재창조 운동을 시작했습니다. 종이나라 정도헌 회장 및 임직원들과 함께 한국종이접기협회 설립준비위원회를 발족하고 정관 제정과 협회 마크 제작를 제작하였고 종이접기 연구와 발전을 위한 동호인 모임을 결성하여 종이나라 직원들과 협회 설립의 뜻에 동참하는 발기회원들을 모집하는 한편, 각계각층의 전문가를 이사로 영입하였습니다.

그렇게 K종이접기 재창조 운동을 시작한 지 3년 차인 1989년, 임의단체였던 한국종이접기협회를 사단법인화하여 공신력을 더욱 높여 나가기 위해 정도헌 회장과 노영혜 이사장은 박장원, 전영웅 발기이사들의 추천으로 우리나라 문화예술산업 발전을 이끌어온 고(故) 오재경(前 문화공보부 장관) 님을 초대 회장으로 모셨습니다.

그리하여 1989년 3월 7일에는 오재경 회장, 정도헌 부회장, 김재은 부회장, 강혜숙·김영만·박장원·안준선·유인수·이현숙·전영웅·최진옥 이사, 박노근 감사, 조명례 사무국장 등과 함께 창립 총회를 개최할 수 있었습니다.

창립 총회 이후에는 더 적극적으로 종이접기 역사를 발굴하고 국내외 정보를 수집하며 1990년에는 종이접기의 체계적 교수를 위해 「대한민국 종이접기 강사」 교재를 집필하고 저변확대를 위해 격월간 「종이접기」를 창간하며 우리나라 종이접기와 종이문화 부활 재창조 운동의 역사에 박차를 가할 수 있었습니다.

그리고 한국종이문화원(평생교육원), 종이나라박물관, 종이문화재단 등이 설립되고 세계종이접기연합이 결성되었습니다.

1989년 3월 7일 한국종이접기협회 발기 총회 모습

『대한민국 종이접기강사』, 1990년
지은이 노영혜 / 발행 종이나라

한편 노 이사장과 함께해온 김재은 종이문화재단 고문(이화여자대학교 교육심리학과 명예교수)은 종이접기 창의인성과 영재교육 과정을 정립하셨으며, 이준서 고문(경기도 장학사 역임, 서양화가)은 K종이접기를 교사연수 과목으로 국가공인 민간자격으로 올려주셨으며, 김영만 평생교육원 원장(마산대학교 미디어콘텐츠과 초빙교수)은 TV어린이 프로에서 종이접기아저씨로 최장수 출연과 이벤트와 특별 강연 등으로 종이접기 붐을 일으켜 주었습니다. 특히 고(故) 김상헌 고문(KBS 광주방송국장 역임)은 종이접기 베스트셀러인『종이접기 백선 8』,『종이접기 창작나라 1』를 집필하여 한복 시리즈 등을 창작하여 종이접기 창작가로 또 저자로서 초창기 K종이접기 창작 세계를 선도해 주었습니다. 한편 김종규 고문(대한민국종이문화예술작품대전 위원회 위원장, 문화유산국민신탁 이사장)은 세계종이접기창작작품공모전을 주최하여 대상에 문화체육관광부 장관상, 금상에 국가유산청장상, 국립중앙박물관장상 등으로 시상하여 종이접기의 과학적 탐구심과 예술활동을 장려하게 되었습니다.

이제 우리나라에서 처음으로 종이접기를 가르치는 교본이자 K종이접기 강사 자격 취득교재인『대한민국 종이접기강사』책이 출간된지 30년이 지났습니다. 그 사이 종이문화재단 평생교육원은 인재양성에 필요하고 경쟁력 있는 자격증을 취득할 수 있도록 K종이접기, 종이문화예술 최고위 과정 등을 개설하였으며 양성된 지도자들은 종이문화교육원 및 지부에서 자격증반 강좌개설 및 기존 교육 과정을 접목하여 보다 업그레이드 된 강좌를 유치원, 초·중·고등 및 대학교 수업, 사회복지시설 등에서 다방면으로 펼치게 되었습니다. 교재가 없던 시절 간절한 마음으로 노이사장이 집필하였던「대한민국 종이접기 강사」는 어느덧 '종이접기의 바이블'이라는 수식어를 붙일 만큼 수 많은 판쇄를 거듭하였습니다.

그러므로 우리나라 종이접기·종이문화 부활 재창조 운동이 올해로 42년이 되었습니다. K종이접기 어린이급수 1호

인 정규일 사장(주식회사 종이나라 대표이사), K종이접기 강사 1호 김영순 이사(대한민국 종이접기 명인 1호)의 뒤를 이은 자격배출 수가 국내·해외에서 35만 명을 넘어서게 되었습니다. 그에 힘 입어 K종이접기는 온 가족이 즐겁고 행복해지는 놀이문화에서 수학, 과학, 예술, 산업 등으로 퍼져 나갔고 정보화시대에 맞춰 또다른 학문이나 예술 분야와 융합할 수 있는 매개체로써 세계적으로 활용되고 발전되고 있습니다.

한편 노 이사장은 '강사' 자격에만 머물지 않고 K종이접기와 종이문화의 우수성과 창조성을 세계에 알리기 위해 명인(明人)제도를 만들어 뛰어난 지도자들의 지위 향상을 모색하였습니다. 그러한 노력의 일환으로 새 한류창조 문화로써 K종이접기·종이문화의 세계화를 위해 국내·해외에서 다양한 활동을 펼치고 있으며 한국문화의 원형인 홍익인간 이념이 담긴 고깔 축제와 함께 K종이접기(KOREA JONG IE JUPGI)가 '평화운동'의 일환으로도 자리잡을 수 있도록 하고 있습니다.

또한 수준 높은 종이접기예술 창조의 세계를 위해 세계종이접기창작개발원장인 제가 K종이접기 마에스트로 1단, 2단, 3단 과정을 연구 발표하여 창작 예술가를 발굴하고 양성할 수 있도록 K종이접기 마에스트로 1단, 2단, 3단 과정을 집필하는 계기가 되었습니다. 이렇게 K종이접기 재창조의 역사는 부단히 이어지고 있습니다.

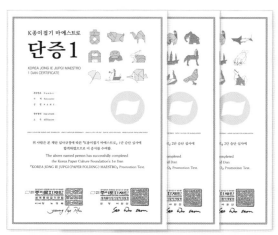

K종이접기 마에스트로 1단, 2단, 3단 유단증 (예시)

🌼 **2016 대상**
(문화체육관광부 장관상)
이신원
양 (Sheep)

🌼 **2017 대상**
(문화체육관광부 장관상)
박성용
고질라 (Godzilla)

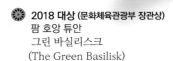

🌼 **2018 대상 (문화체육관광부 장관상)**
팜 호앙 튜안
그린 바실리스크
(The Green Basilisk)

🌼 **2019 대상**
(문화체육관광부 장관상)
이보연
빠삐용 (Papillon)

🌼 **2023 대상 (문화체육관광부 장관상)**
진윤수
테셀레이션을 이용한 부채머리수리
(Harpy eagle using tessellation)

🌼 **2020 대상**
(문화체육관광부 장관상)
이원배
말 (Horse)

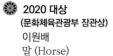

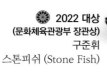

🌼 **2022 대상**
(문화체육관광부 장관상)
구준휘
스톤피쉬 (Stone Fish)

🌼 **2024 대상 (문화체육관광부 장관상)**
박성용
동양용
(Oriental Dragon)

세계종이접기창작작품 공모전
Global Creative Paper Folding (Korea Jongie Jupgi) Contest

■ 취지 :
종이접기는 과학적 탐구심을 높이고 종이를 기하학적으로 접어 조형하는 예술, 디자인 활동으로 이를 통해 국내 및 국외의 종이접기 창작개발과 세계종이접기문화예술 발전에 이바지하고자 다음과 같이 공모합니다.

■ 출품자격 : 국내 및 국외 누구나

■ 출품부문 : 종이접기 단위 창작작품

■ 작품내용 :
1. 창의적인 종이접기 작품
2. 타인의 작품이나 모방 작품이 아닌 작품
3. 작품이 종이접기의 과학적, 교육적, 문화예술적 가치가 있는 작품

■ 출품규격 :
- 평면작품 : 4절 크기 이내
- 입체작품 : 350㎜ × 350㎜ × 350㎜ 이내

■ 출품수/출품료 : 1인당 2점 이내 / 출품료 없음

■ 제출물 :
완성작품, 작품컬러사진1매(3"x5"), 출품원서
(종이나라박물관 홈페이지에서 다운받아 작성)
※종이접기 도면과 스크랩 제출 시 가산점

■ 접수기간 : 매년 9월 말~10월 초

■ 접수시간 : 09:00~17:30 / 직접제출 또는 우편접수
(마감일 도착분에 한함/일요일,국가공휴일 휴관)

■ 접수장소 : 종이나라박물관
서울시 중구 장충단로 166 종이나라빌딩 2층

■ 심사결과 발표 : 매년 10월 말
종이문화재단 홈페이지 http://www.paperculture.or.kr
종이나라박물관 홈페이지 http://www.papermuseum.or.kr

■ 심사 시 고려사항 :
1. 한 장의 정사각형 종이를 자르거나 풀칠하지 않고 완성한 작품을 우선함
2. 복합작품은 정사각형으로 매수가 적게 들여 접은 것을 우선함
3. 모빌, 유닛 작품은 풀칠하지 않고 조립할 수 있는 작품
4. 아이디어나 독창성이 있는 것
5. 창작작품으로 구성한 모습이 과학적이고 문화예술인 작품
6. 접는 기법이나 용지 선택이 우수한 작품
7. **2020년 신설된 국가유산청장상(금상) 부문은 우리나라 전통문화 콘텐츠와 연관되는 주제(문화재 등) 및 소재(한지 등)를 사용한 작품에 한함.**

■ 전시 기간 및 장소 (예정) :
매년 10월 말~11월 말 / 종이나라박물관

■ 시상 일시 및 장소 (예정) :
매년 종이문화의 날 기념(11월 11일)
종이나라박물관
※ 수상자의 시상식 참석여부는 사전 통보됩니다.

■ 시상 내용 (예정) :

시상 종류	시상훈격	시상인원	시상금
대상	문화체육관광부장관상	1	상장 및 상금 100만원
금상	국가유산청장상	1	상장 및 상금 50만원
	국립중앙박물관장상	1	상장 및 상금 50만원
은상	대한민국종이문화예술작품대전위원장상	2	상장 및 상금 30만원
동상	종이나라 회장상	2	상장 및 상금 20만원
장려상	종이문화재단이사장상	약간명	상장 및 상금 10만원
입선	세계종이접기창작개발원장상	다수	상장 및 상금 10만원

※ 수상작품은 종이문화재단 소식지 등에 게재됩니다.
※ 장려상 이상 수상자는 종이접기 도면제작에 적극 협조하며 출품작 및 도면은 종이문화재단·세계종이접기연합에 귀속되어 출판 및 전시 등에 활용됩니다.
※ 주최 측은 수상작품, 도면, 스크랩에 대한 사용권을 가지며 국내/외 출판, 영상 등 2차 저작물에 대한 우선 협상권을 갖습니다.
※ 입선 수상작품은 종이나라박물관 전시(1개월)후 반출가능.
※ 탈락작 반출기간은 심사발표 후 10월 말까지입니다. 기간 내에 찾아 가지 않을 경우 폐기 처리됩니다.
※ **유의사항** : 작품 포장재(박스, 봉투 등)와 반출기간 동안 찾아 가지 않는 작품은 주최 측에서 일체 책임 지지 않습니다.

■ 기타 : 자세한 사항은 종이나라박물관으로 문의하시기 바랍니다.
TEL (02)2279-7901 / FAX (02)2279-8333

■ 주최 : 대한민국종이문화예술작품대전 위원회

■ 주관 : 종이문화재단·세계종이접기연합, 종이나라박물관

■ 후원 : 문화체육관광부, 국가유산청, 국립중앙박물관, 국립민속박물관, 국립과천과학관, 한국디자인진흥원, 한국공예·디자인문화진흥원, 문화유산국민신탁

■ 협찬 : 종이나라

THE DAMUL CLASSIC-MATT
종이접기 전문가용지 「다물」 클래식-매트

1000 「15cm 다물 클래식-매트」
가격 1000원 / 15×15cm / 52g/㎡ / 10색 10매

4000 「30cm 다물 클래식-매트」
가격 4000원 / 30×30cm / 52g/㎡ / 10색 10매

15000 「45cm 다물 클래식-매트」
가격 15000원 / 45×345cm / 52g/㎡ / 10색 20매

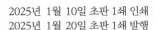

2단 (Level 2)

2025년 1월 10일 초판 1쇄 인쇄
2025년 1월 20일 초판 1쇄 발행

창작가 | 세계종이접기창작개발원 (서원선, 이인경)
펴낸이 | 정규일
감 수 | 노영혜

편 집 | 한연재, 안영준, 박선경, 탁준우, 강우정
어시스트 | 김영순, 곽정훈
제작·마케팅 | 국현철, 최정일

발행처 | (주)종이나라
등 록 | 1990년 3월 27일 제1호
주 소 | 우) 04606 서울시 중구 장충단로 166 종이나라빌딩 7층
전 화 | (02)2264-7667
팩 스 | (02)2277-5781
홈페이지 | http://www.jongienara.co.kr

주문번호 CDD00013
I S B N 978-89-7622-823 9
정 가 29,800원

오탈자 및 도서 내용에 대한 도움이 필요하시면 아래로 연락해 주세요.
• 이메일 : designlab@jongienara.co.kr   • 전화 : (02)2264-4994